J.M. SERVÍN
D.F. CONFIDENCIAL
CRÓNICAS DE DELINCUENTES, VAGOS Y DEMÁS GENTE SIN FUTURO

LO►S
GAVIEROS
periodismo literario

Esta obra contó con el apoyo del Sistema Nacional de Creadores.

PROVEEDORA
escolar
¡LIBROS PARA TODOS!

Derechos reservados
© 2010 J. M. Servín
© 2010 Editorial Almadía S.C.
    Avenida Independencia 1001
    Col. Centro, C.P. 68000
    Oaxaca de Juárez, Oaxaca
    Dirección fiscal:
    Calle 5 de Mayo, 16 - A
    Santa María Ixcotel
    Santa Lucía del Camino
    C.P. 68100, Oaxaca de Juárez, Oaxaca

www.almadia.com.mx

Primera edición: junio de 2010

ISBN: 978-607-411-043-2

Impreso y hecho en México

J.M. SERVÍN
D.F. CONFIDENCIAL
CRÓNICAS DE DELINCUENTES, VAGOS Y DEMÁS GENTE SIN FUTURO

Almadía

El mexicano encierra una acechanza contradictoria, muy amorosa en el fondo, pero capaz de conducirlo al crimen y a la sangre...

JOSÉ REVUELTAS

Presentación ministerial

Siempre he creído que un escritor debe mandar a la mierda todo con tal de escribir lo que le plazca cuando le plazca, y no estoy dispuesto a publicar libros como si fuera el dueño de una fábrica o, peor aún, un obrero de mi limitado talento. He tratado de cumplir siempre con esta premisa que dictan desde su tumba mis guías de vida y obra. De ahí que este libro se deba a muchos años de vagabundeo, casi siempre en solitario, sin más presiones que mis propias inquietudes, y no por construirme una personalidad autoral glorificando la sordidez bohemia de esta ciudad. Sobra decir que éste no es un libro sobre la ciudad de México. Es sobre la ciudad que padezco y cuyas vastas dimensiones están fracturadas por la desmemoria y la desilusión. Para nuestros políticos mediocres y cierta clase media favorecida el D.F. puede ser el ombligo del mundo, para mí es la capital de la mendicidad y el robo. Odio, rencor, violencia y agandalle. La crudeza transgresora de la vida en esta ciudad la vuelve fuente inagotable de historias sombrías y seductoras. De ahí el título, en abierta alusión a una novela de James Ellroy sobre Los Ángeles.

Tengo una deuda de gratitud póstuma con mis padres, para empezar. Obviamente con mis hermanos, mi mujer Bibiana, mis amigos más *confidenciales* y con los escritores citados en los epígrafes. Todos ellos encauzaron la visión de lo que aquí narro. A los editores de revistas y suplementos que publicaron por primera vez estas crónicas y reportajes escritos de 2003 a 2010, les debo mucho, jamás escatimaron el espacio que abrieron a mi trabajo. El vértigo y el miedo del salto al vacío que conlleva preparar una obra como ésta no tendría sentido sin el generoso apoyo de todo el equipo de Almadía. Nunca me he sentido parte de ningún grupo literario o editorial, pero creo que sería inútil negar el profundo cariño que tengo por este proyecto oaxaqueño.

Nelson Algren diría alguna vez que un escritor está mejor que nunca cuando no sabe lo que hace. Los apremios que pasé escribiendo *D.F. Confidencial*, confirman lo acertado de esta idea.

PARARRAYOS

APUNTES SOBRE PERIODISMO
Y LITERATURA CON AIRES
LOMBROSIANOS

La Crónica, merodeando a la bestia humana

El escritor en realidad no *vive*, observa.

Nelson Algren

William Faulkner afirmaba que la mejor ficción es mucho más verdad que cualquier tipo de periodismo. Yo diría que a su vez, la mejor ficción debe incluir la Crónica como única posibilidad de que el mejor periodismo pueda ser comparado con la ficción. No es una casualidad que muchas de las novelas canónicas desde el siglo XIX hasta nuestros días hayan utilizado en su construcción herramientas formales y de estilo extraídas del periodismo.

Balzac, Dickens, Mark Twain o Jack London, maestros de la ficción naturalista y realista, incursionaron en la crónica y el reportaje, y poco o nada se detuvieron a analizar o a discutir con sus críticos si lo que escribían era fabular o registrar la realidad. Haber fusionado ambas posibilidades los convirtió (sobre todo a través de la crónica) en voceros privilegiados de su época.

Las interminables discusiones para definir los géneros (crónica, reportaje) se han puesto de acuerdo en las afinidades más que en las diferencias. Hay un punto en común que evita las perogrulladas: la Crónica es la literatura de la realidad (y en el mejor de los casos, abundaría yo, de la realidad del cronista), un registro de géneros literarios y disciplinas sociales debidamente fusionadas en una narración que apuesta por la atemporalidad. No hay distancias imposibles ni asunto menor para quienes escriben crónicas. De hecho se distinguen por su curiosidad casi morbosa por todo lo que les rodea y por la paciencia de un cazador, que sale en busca de su presa con una sola bala en el rifle. El cronista es un autodidacta de disciplina espartana que aprende del entorno internándose en sus rincones oscuros. En los casos que han hecho escuela en una tradición literaria identificable, sobre todo a partir del siglo XIX, se puede apreciar la avidez para adquirir conocimientos útiles para escribir. Zola, Dostoievski y Chéjov empleaban estos recursos mucho más que los periodistas, y abrieron las posibilidades de mirar al mundo desde la realidad inmediata.

El acto de narrar, sea desde la ficción o el periodismo, conlleva el salto al vacío en pos de las profundidades donde habita la bestia humana. Lo esencial es escribir con eficacia una historia luego de esperar el tiempo que sea necesario para lograrlo. No hay más. El cronista hábil sabrá construirse su espacio y su tiempo para dar con el hallazgo, casi siempre fortuito y alejado del esclavizante calendario del casero y del editor, ambos enemigos acérrimos del *flaneur* con rifle al hombro.

Pese a que se basa en hechos reales, la Crónica es lo que más se aleja del periodismo canónico, pues introduce la subjetividad de la experiencia personal. El Yo por encima de la supuesta objetividad. El relato se construye con la intensidad de las emociones de quien lo escribe y de su talento para recrear el dramatismo del asunto de su interés. En su capacidad para captar los puntos finos de lo que ve y escucha, depende la eficacia de su relato. Diálogos, miradas, expresiones faciales, escenarios y aun la intimidad del pensamiento de sus personajes. Truman Capote es un ejemplo sublime de quien inserta sus opiniones personales y las reacciones que le producen los protagonistas reales, extraídos de un pueblo consternado por dos sujetos que, *A sangre fría*, asesinaron a una familia de granjeros. El relato testimonial convertido en *non fiction novel*.

Abundan los ejemplos de una tradición de escritores que han llevado a la Crónica a niveles de excelsitud. Ni más ni menos, ésta fundó la literatura hispanoamericana del siglo xx. El escritor modernista fue sensible a las posibilidades que el periodismo le ofrecía. En sus relatos de lo cotidiano combinó el estilo y la reflexión intelectual para conformar un género literario hasta entonces inexistente. La subjetividad reforzó un discurso personalísimo y elegante, opuesto al anonimato del periodismo común.

De alguna manera, los grandes cronistas de todas las épocas han percibido lo que Christoph Turke definiera como "fascinación por lo extraordinario". La fascinación que los hacía temblar de miedo o deseo. Así lo confirma la ruta trazada por Herman Melville, John Steinbeck,

Ring Lardner, Hemingway o Dos Passos; el Nuevo Periodismo y la prensa subterránea estadounidenses de los años sesenta del siglo xx: Tom Wolfe, Gay Talese, Hunter Thompson y Terry Southern; y en México Manuel Payno, Martín Luis Guzmán, José Revueltas, Ricardo Garibay y David García Salinas dentro de una robusta tradición de novelistas y periodistas literarios que data del siglo xix. En la obra de todos ellos hay lo que Tom Wolfe, en uno de los ensayos de su *Periodismo canalla*, destaca del método de Zola para escribir novelas: "Abandonar el estudio, salir al mundo, informarse de la sociedad, vincular la psicología individual a su contexto social, buscar suficiente combustible para alcanzar el pleno potencial como escritor... y en consecuencia, conquistar por completo al lector".

Es así como la Crónica recupera en palabras de Turke "la forma primitiva de lo sacro". Los personajes y sucesos más fascinantes, los más llamativos, los más horribles, adquieren, para el narrador de realidades inmediatas, el carácter de la anormalidad absoluta que cada historia digna de contarse reclama para sí. Sin embargo, aún hay quienes por ignorancia, incapacidad u holgazanería (o las tres juntas) insisten en considerar la Crónica como un género literario de entretenimiento menor.

El periodismo canónico parece haber olvidado que la información en sí misma poco o nada interesa al lector. Es una redacción desalmada de los hechos inmediatos que privilegia la imagen; la Crónica devuelve a las mil y un historias de lo cotidiano el elemento sensacional, extraordinario, escalofriante, triste o alegre que conlleva la experiencia humana. Muchos informan, pocos narran.

EL CRONISTA ESCARBALODO

He comprobado que en México hay quienes escriben crónicas sólo para ganarse una lanita extra; avergonzados secretamente por malgastar su "talento" y su tiempo. La mayoría de los editores de periódicos y revistas tienen buena responsabilidad en ello pues consideran que poca gente quiere leer lo que Juan Villoro llama "literatura bajo presión", de mayor extensión, calidad y profundidad que el insulso material que se publica habitualmente. Pero también habría que decir que pocos escritores estarían dispuestos a escribir una crónica o reportaje bajo las condiciones actuales del medio editorial, donde se privilegia la imagen, el dato duro y la opinión. Lo otro es que abundan los llamados a sí mismos "escritores", incapaces ya no de escribir un cuento o una novela decorosa, sino una crónica o un reportaje.

A título propio tengo una deuda impagable con la literatura realista y el ya mencionado Nuevo Periodismo estadounidense, corrientes hermanas alimentadas de los testimonios de hombres procedentes de las luchas cotidianas invisibles a la historia oficial, de la experiencia vital de las calles y de la confrontación personal. Es el espíritu que anima este libro.

Salga a la calle, mire lo que pasa y cuéntelo con el menor número de palabras. Esto respondió un editor al atribulado Mark Twain en sus inicios como escritor. Parece increíble pero en las redacciones de los periódicos, revistas y suplementos literarios aún hay quien no acepta que periodismo y literatura son una misma cosa, siempre y cuando se apueste por la calidad de la escritura. Desde que empecé a publicar crónicas me he enfrentado con la actitud voluble de no pocos editores. Por una parte favorecen un periodismo que les saca la chamba y queda bien con todo mundo; y por otra se jactan de impulsar la Crónica como parte de una rica tradición literaria a nivel mundial. En el mejor de los casos se quedan a medias. Creo que les incomodan las propuestas ajenas a sus caballitos de batalla. El avispero de mediocridad que señaló oportunamente Manuel Buendía. Por lo mismo, ninguna publicación está dispuesta a pagar bien por una historia que puede llevar semanas o meses de arduo trabajo de campo y de escritorio. Paradójicamente esta situación ha favorecido mi trabajo, pues a sabiendas de lo poco que puedo ganar en dinero por algo que de todas maneras me gusta y quiero hacer, me tomo mi tiempo y escribo lo que me interesa. Después veo quién se anima a publicarlo. Voy a la deriva en busca del hallazgo. Creo que en esto reside la valía de un buen cronista y es lo menos que puedo pedirme a mí mismo. Como diría Julio Villanueva Chang, director de la revista peruana especializada en crónicas *Etiqueta negra*, escribir una crónica es no sacrificar la historia por la quincena. Aunque eso me exija asomarme al mundo primeramente desde la mirilla de mi puerta para verificar que no hay cobradores esperándome afuera.

Me tiene sin cuidado si existen zonas limítrofes entre reportaje y crónica; para mí, ambos pueden leerse del mismo modo. El debate alrededor de esto me parece ocioso y doy media vuelta en retirada cuando me topo con doctos ensayos y opiniones amparados en citas de Walter Benjamin y loas a Kapuscinski, a quien por cierto, en una biografía escrita en 2010 por Artur Domoslawski, se pone en duda la veracidad de algunos de sus reportajes y se le acusa de exagerado y de cometer errores de contenido.

Nunca me ha preocupado si mi método de trabajo cumple con el canon formal y estilístico de tal o cual libro de teoría o fundación sobre lo que deben contener crónicas como "Los herederos de Diablo" y "La hermandad del rebote", incluidas en este libro. Una historia derivó de otra, pues durante el tiempo que pasé empapándome del ambiente de las apuestas de jugadores de frontón a mano, surgió la posibilidad de conectarme con peleadores de perros. De hecho, uno de mis objetivos era lograr la intensidad sombría que Stephen Crane plasmó en su relato "The Monster" y Jack London en "Devil". Si hubiera calculado mi inversión en tiempo, dinero y riesgos para escribir una crónica por encargo ("Los herederos...") que, finalmente, una prestigiosa revista colombiana especializada en periodismo narrativo se negó a publicar porque, adujo el editor, yo no le había dado fotos de las peleas de perros (poco faltó para que me pidiera un certificado de vacunación contra la rabia), no hubiera salido en aquél entonces, de mi departamentito raskolnikoviano de Infonavit en Cuemanco, al sureste del D.F.

¡CÁMARA, LUCES, CRÓNICA!

Daniel Samper Lozano, en el prólogo a su *Antología de grandes crónicas colombianas*, tomo II, resume una idea propia externada treinta años atrás en el prólogo de un volumen similar de periodismo: "Cada vez es más reconocida la influencia del montaje cinematográfico en la narración moderna, incluido el reportaje y la crónica (...) las fronteras entre los géneros tienden a difuminarse, más que a consolidarse".

Dos grandes del periodismo contemporáneo, Gay Talese y Tom Wolfe, suscriben la idea de Samper, quien cita al primero, entrevistado en 2004 por un canal de televisión neoyorkino: "Percibo visualmente lo que voy a escribir: veo escenarios, personajes, grupos de personajes, como en una película de Fellini".

En el mismo ensayo de su *Periodismo canalla*, Tom Wolfe enumera cuatro mecanismos específicos utilizados por el cine, que proporcionan a la novela naturalista su capacidad de enganchar, de absorber: "La construcción escena por escena; es decir, contar una historia pasando de una escena a otra en lugar de recurrir a la narrativa puramente cronológica; el uso generoso del diálogo realista, que revela el carácter de manera más inmediata y llega más profundamente al lector que cualquier forma de descripción; el punto de vista interior, o sea, poner al lector dentro de la cabeza del personaje y conseguir que experimente la escena a través de sus ojos; y el apunte de detalles de posición social, indicios que sugieren a la gente en qué peldaño se encuentra dentro de la escala jerárquica, qué resultado obtiene en su lucha para mantener o mejorar su posición en la vida o en una situación concreta; todo desde atuendo y muebles, hasta acentos, modos de tratar a los superiores e inferiores, gestos sutiles para demostrar respeto o falta de respeto, el complejo entero de señales que indican a la bestia humana si está progresando o fracasando y ha conseguido o no liberarse de esa enemiga de la felicidad que es más poderosa que la muerte: la humillación".

Cada uno a su modo, Talese, Wolfe y Samper confirman lo que otro periodista, David Halberstam llama "el reportero como cámara de cine".

Creo que una buena crónica o reportaje requieren salir al mundo con la estrategia del cazador que sólo cuenta con un disparo de su rifle: ser paciente y rondar por ahí, acechando esa historia que sin la mirada alerta y buena puntería jamás será escrita.

Finalmente, un periodismo narrativo contundente, que identifique una voz y un universo propio, aspira al crimen perfecto: erigir el imperio de la ambigüedad estilística con amplios espacios para cazar en solitario.

DECONSTRUCTING OSCAR LEWIS
(TODOS SOMOS HIJOS DE SÁNCHEZ)

Este libro se comenzó a gestar seis meses después de a mi regreso a México luego de casi diez años de vivir en el extranjero. Apenas reinstalado ocurrió lo que narro a continuación.

Como escritor con bajo perfil en la escena *underground* yo había salido airoso de un compromiso como presentador de un libro. Creí que lo más sensato al abandonar la barra de servicio habilitada como podio, cerveza en mano, era confundirme entre la nutrida concurrencia y beber sin aspavientos. Mi participación en un café al norte de la ciudad había sido enjundiosa ante oyentes a los que sólo les interesaba el *gag* como norma social para acompañar el generoso coctel de cortesía.

Como solía ocurrir en ocasiones como ésta, la exitosa convocatoria, inusual por cierto, a la colonia Nueva Santa María, era una oportunidad de constatar el recelo disimulado hacia escritores que publican al margen de la gran industria. Aunque el autor y la modesta pero atractiva editorial arriesguen su prestigio y dinero, de todos modos enfrentan una suerte de fiscalía de lo *cool*, tan pedante y sectaria como la de cualquier otro gremio de artistas y literatos.

Poco después me abordaría un desconocido con facha de metrosexual emergente. Se presentó como editor de una revista de moda y estilo. Quería invitarme a escribir una serie de crónicas.

—Nos interesa un acercamiento diferente al Centro Histórico —dijo seguro y entusiasta como correspondía a su imagen, luego de dar un vistazo con discreta altivez a la escandalosa multitud—. Nos distribuimos gratuitamente en la Condesa y la Roma, los anunciantes sostienen el proyecto y el pago a los colaboradores.

—¿Cuándo sería mi primer entrega? —pregunté, sin meditarlo siquiera, entendiendo que la deferencia se debía a las diferencias sociales entre uno y otro.

—No hay prisa, la revista es trimestral y apenas estamos cerrando el número de invierno.

Comencé la cuenta regresiva en el calendario de mis adeudos. Era mediados de enero y si el metroeditor planeaba los contenidos a ese paso, con toda probabilidad el pago aún no acordado pasaría a formar parte de mi pensión de retiro involuntario.

Debido al rumbo conocido que tomaba mi ebriedad, ya de suyo avanzada pese a la temprana noche de sábado, calculé el espacio disponible en una publicación destinada a lectores con alto poder de consumo pero que probablemente sólo les interesaban los *tips* para ir a reventarse y la publicidad de las exclusivas marcas anunciadas a todo color a página completa. Pese a ello, mi texto, decidí, tendría una gruesa pátina de escenarios y gente a la que la tiene sin cuidado revistas a las que les tienen sin cuidado lectores de bajo perfil económico.

La estridente música de los DJ's invitados al evento dispersaba cualquier intento de tomarme en serio. Tenía la irremediable tendencia a dudar del entusiasmo de quienes viven instalados en lo efímero, diría Lipovetsky, y su incansable búsqueda de novedades.

Podía diagnosticar la efectividad de mi sentido común cuando reconocía efervescencias tardías. Como desertor experimentado de los gremios de optimistas, calibraba mi desconfianza. Sin embargo, ahí estaba, compartiendo en un café el desapego emocional como estilo de vida generacional, aceptando a regañadientes que lo único que deseaba era sentirme en posesión de mis emociones sin hacer caso de afinidades aparentes. Me convencí de que toda coincidencia era sólo una guía para entender mi presente sin temor a las sorpresas.

La experiencia diaria me exigía enfrentar las cosas como vienen, así sea al desplazarme de un lugar a otro acosado por todo tipo de riesgos e inconvenientes. Según entendía mi oficio como escritor *free lance*, estaba acorralado por modas editoriales impulsadas por *yuppies* de tipo "condesero" a los que llamo desde entonces *wannabenacos*.

De manera vertiginosa, en la ciudad de México el caos refleja la volatilidad de lo social que en lo *kitsch* concilia sus pretensiones postmodernas. La publicidad espectacular y el entretenimiento informativo han suplantado los referentes históricos con frases explosivas y lúbricas que construyen, mejor que los dogmas, una identidad ciudadana orgullosa de sus trágicómicos contrastes.

Por lo pronto, ya pensaba en los temas, garabateaba los teléfonos del metroeditor en un boleto del metro y dosificaba un trago de brandy en las rocas, cortesía de ciertos amigos *old fashion* que, aprovechando la tolerancia de los anfitriones, habían metido *bajita la baisa* una botella de Torres 10 y se aferraban en denostar a gritos la música electrónica en favor de la ópera y el cante jondo. Como la misma ciudad de México, todo parecía absurdo y pretencioso, sin embargo, a tono con la noche que facilitaba condescender con extraños, como si dentro de ese amplio café de emergente sofisticación *retro* sesentera, los ahí reunidos fuéramos una estirpe vanguardista de espíritus amorales que brindaban por la muerte del Hombre como concepto divino.

La ciudad como anfiteatro

No es novedad que generaciones enteras de literatos, artistas y bohemios, hayan entregado hasta hoy su vida y oficio a explorar en las entrañas del cadáver insepulto. Su informe pericial corrobora, luego de repetidas necropsias, que pese a su longevidad la monstruosa amortajada presenta evidencias únicas de acceder a emociones fuertes.

Ciudad de México, patrimonio mundial de la necrofilia. Gracias a ello, el dandismo sobrevive gracias a refugios inaccesibles a lo novedoso. No como parte de una degeneración cultural cuyo hastío y opulencia fomenta el ocio decadente como estética, sino como resultado de las monstruosas inequidades de una sociedad tradicionalmente cómoda en su atraso.

Es un privilegio para el esteta miserabilista converger en la geografía del mal. Si la capital fue alguna vez la región más transparente, ya nadie se atreve a asegurarlo. La visión de Anáhuac es esperpéntica: desastres ecológicos, criminalidad, economía changarrera, política zafia. Habitantes metabólicamente disfuncionales. ¿Quién no se ha encontrado a diario con ictéricos, acromegálicos, cretinos, enanos, mongólicos, caquécticos, tencuas, dementes e hiperobesos en el metro, microbús, cruceros, andadores o como vecinos?

Basta con revisar entre el ajuar de miserias y absurdos para elegir el traje que mejor le acomoda a uno. Si no fuera por las patologías colectivas, por la caótica vitalidad del criminal solitario, ¿qué sería de nosotros, pretenciosos artistas del cascajo? Podríamos empezar por aceptar que pisamos territorio conocido, pero con un adictivo aroma a podrido.

El abrumador triunfo del desmadre

Cada vez resulta más difícil diagnosticar el futuro. Las variantes climáticas, fronterizas y administrativas han otorgado rasgos peculiares a la ciudad y sus habitantes. Uno de los más notorios es la indolencia. Sometidos a los efectos del deterioro ecológico en la misma proporción que lo estamos al económico (éste siempre es más alarmante), no nos queda más que remar contra la corriente. Recuperar por lo menos parte de lo que alguna vez creímos nuestro, ha quedado en una dimensión desconocida. Nuestro derecho a la ciudad enfrenta reglamentarismos y prohibiciones –muchas de ellas autoimpuestas por el ciudadano promedio.

Si hurgáramos en la historia de la ciudad, encontraríamos abundantes pruebas de una sociedad escindida. No ha cambiado gran cosa con el tiempo. Transgredir ordenamientos piramidales es un rasgo inconfundible de nuestra identidad, pese a que como fuerza centrípeta, la capital se mantiene como espejismo de tolerancia y bienestar. Entendiendo la democracia como un logro de la madurez política, tendríamos que aceptar que los chilangos votamos en abrumadora mayoría por el desmadre.

Inagotable acervo de humor negro

Las interpretaciones parciales benefician a quienes las propagan. Frente a las continuas descalificaciones y en respuesta a los contubernios partidistas, es decir, a la improvisación, la ineptitud y el engaño permanentes, los chilangos encabezan la resistencia a todo aquello que amenaza arrebatarles otro tirón de dignidad. Pero de pronto una nostalgia malsana los hace enorgullecerse de sus lastres.

La capital siempre ha sido una incómoda antesala a la modernidad. En retrospectiva, una exploración por los barrios descubre un inagotable acervo de humor negro. Compactas hordas de ingobernables claman su existencia a gritos desafiantes o pachangueros a los que siguen bostezos de resignación mientras casi cualquier delegación se convierte en refugio de damnificados y centro de acopio. Asoman rostros jiotudos y demacrados, y fisonomías que amenazan convertirse en mayoría obesa obstinada en desmentir que somos un pueblo hambreado. Con sus oficios y ocupaciones transitorias la población pende de la cuerda que une lo lícito con lo delictivo. El transporte público destempla a cualquiera con su regimiento de parias apoderándose de la tranquilidad y todo lo que el estoico pasajero acepta como estridente y lastimosa cuota de viaje.

Las administraciones gubernamentales han hecho del hacinamiento y la pobreza sus mejores aliados electorales. El pacto social se sostiene de desfachatez y catastrofismo. El ingenio y la mofa nos reinventan a partir de nuestras vergüenzas y salvan de la desilusión absoluta. Apodos y chistes crueles realzan su importancia como elementos transgresores de una identidad impostada. Semblantes amarillentos y terrosos, músculos endebles, miradas dolidas y recriminatorias, sonrisas cariadas y toda clase de padecimientos gastrointestinales forman parte del caló y los albures de quienes se alimentan en miles de puestos callejeros sin controles sanitarios.

La contaminación del aire podría ser causante de la apatía ante la impunidad. El lamentable nivel educativo general impediría comprender las intrigas, pifias y escándalos de los gobernantes. La parsimonia e ineptitud burocráticas serían penitencias a quien gusta reventarse en antros que parecen alucinaciones por sobredosis de corrupción y gazmoñería. El abuso de sustancias prohibidas desarrollaría morbosidades que nos hacen reír del prójimo mientras simulamos estoicismo y desdén a la vida.

Mientras enfrenta la muerte en todas las formas posibles, el chilango cree a ciegas que su bienestar o su ruina son fortuitas. Ese conspicuo personaje "sufrido y globero", según lo definió Cantinflas, agrede la escenografía urbana por su renuencia al trabajo (cuando lo encuentra). El salario mínimo es tan insultante aun a la autoestima más baja, y alimenta un sentido del honor inaplicable a gobernantes y empresarios. Preferir el ambulantaje o la delincuencia parece más digno que aceptar las promesas de los gobernantes. ¿Podríamos incluir dentro de la incontenible "actividad informal" el sicariato y el narcomenudeo, y así reconsiderar su papel como fuente de empleo para miles de personas? El pueblo pasa por toda clase de sacrificios, incluidos el chambismo y el delito, para posicionarse socialmente. Bien dicen que lo vergonzoso no es robar o transar, sino que lo cachen a uno.

El darwinismo social distingue la abrumadora presencia del populacho. Carencias y rencores son parte del costumbrismo en barrios cada día más deteriorados e inaccesibles. Su aire bufonesco lo anima la presencia de líderes vecinales braveros que cuando se presenta la oportunidad ostentan distintivos partidistas con la moral sexenal.

La democracia entendida como el arte de controlar a las hordas. ¿Qué lugar les corresponde más allá del filantropismo empresarial, el acoso de las encuestas y consumir revistas de celebridades cuya intimidad (mientras más escandalosa mejor) restriega el mal fario de un pueblo educado por la industria del morbo y la frivolidad?

Como establecimiento humano, una ciudad incluye muchas generaciones de complejos grupos sociales orgullosos de su legado. Sin embargo, el "no futuro punk" sentó sus reales en la ciudad de México. A los proyectos recientes de urbanización, demoler significa acabar con la memoria y el arraigo. Lo grandioso y lo grandote como reto al record Guinness. El mal gusto como credo de lo inmediato.

Lo que en otro plano sería motivo de sonrojo, nos enorgullece. Pero la violencia social obliga a la reflexión. La vagancia forzada y la criminalidad tienen un enorme valor histórico como testimonio de los profundos antagonismos de un pueblo resentido. La nota roja es un referente ineludible. Pese a su estrecha coexistencia con la sociedad y sus patologías, es soslayada del discurso político. En sus páginas culposas resalta el rostro temible, la mueca sardónica y pendenciera, el lenguaje agresivo, el azoro inagotable y la energía extraviada. Forma parte del acervo denigrado por la cultura oficial.

Voluntariosos y ariscos

Caótica, sucia, lisonjera, violenta, vergonzante. Exasperante. Ciudad de México. La frialdad de las encuestas parece homenaje a Nostradamus. La infinitud apocalíptica de la megalópolis relega del centro a la periferia a quienes su condición impide costear un futuro promisorio.

El chilango tiene una idea del orgullo que lo vuelve obstinado y alegador. No hay pasatiempo más popular que decir "ni madres" a todo y luego hacerse bolas explicando por qué. Huelgas, paros, marchas, mítines, eventos masivos, cabildeos, encuestas, debates, *reality shows*, informes de gobierno y obras públicas son furibundas rebatingas por imponer un "ni madres". Ese "sí" y ese "no" tan solicitados en las encuestas, en la vida diaria del chilango contabilizan el "me vale madres".

Una ciudad para coleccionistas. Una ciudad entrañable en cuanto asoma el voluntarismo institucional y empresarial. En el chilango existe una credulidad metafísica en el porvenir. Con la renaciente inversión empresarial, uno casi termina avergonzado por no apreciar una ciudad de primer mundo, chida pero fodonga y temible. Criminalidad, mesianismo político, prohibicionismo, miseria, discriminación, desempleo, inseguridad e improvisación sólo son elementos anecdóticos que fortalecen un orgullo por el centralismo.

Para alguien como yo cuesta trabajo digerir una historia de la capital que parece mi álbum de familia, pues la nostalgia y asombro iniciales se convierten en derrotismo y crisis existencial conforme voy dando vuelta a las páginas. Un pueblo sin expectativas es un pueblo viciado, violento, inconforme y cínico. ¿Cómo reconocerse en una ciudad que apenas y permite regresar a casa ileso? La inmersión al pasado exige pedirle cuentas al presente. ¿Quién en estos días tiene tiempo de apreciar un edificio legendario, las tradiciones de una fiesta de boda o quince años, el ingenio mecánico-automotriz y su estética guarra, y la diversidad y permanencia de oficios y ocupaciones?

Los globalizados palacios verticales conviven a regañadientes con baldíos, construcciones interminables y una población que sabotea las pretensiones renovadoras de gobernantes y empresarios. En esta interminable confrontación, el habitante de la capital ha sabido adaptarse con pasmosa rapidez a lo ilegal y lo proscrito. Frente a las descalificaciones y el reciclaje de proyectos excluyentes, responde con insolencia para luchar por un bienestar que de generación en degeneración conoce por herencia.

Miseria y opulencia establecen complicidades con nuestra historia. El chilango amistoso, desapegado, canallesco y fervoroso también es chambeador, si no, ¿de dónde alimenta su narciso la idea del "ingenio del mexicano" para hacer del atraso una virtud? Pese a la cacareada democratización y a la disciplina económica como correctivo, la

capital (es decir, el país) mantiene su esencia irreconcilia-
ble con su pasado.

De aquí en adelante asumo la responsabilidad de mis limitaciones como testigo de lo que narro a lo largo de este
libro.

NOTA ROJA, HURGANDO EN IDENTIDADES PROSCRITAS

Me intriga cómo se puede hablar de democracia y progreso en un país secuestrado por la barbarie y la ineptitud. La violencia social en México registra las profundas grietas del proyecto de nación. La vagancia forzada y la criminalidad son antiguas prácticas cotidianas de un pueblo resentido.

Una manera de comprender nuestra historia reciente es aproximándonos a la transmisión de sus símbolos. La nota roja es un referente ineludible. Evadirla es negar su importancia como testimonio. La prensa mexicana que iniciaba su industrialización a finales del siglo XIX, se desarrolló en un contexto político de dictadura. El capitalismo naciente condujo a la explotación de la mano de obra y a la construcción de un amplio aparato represivo; el ejército se disciplinó y profesionalizó, se crearon nuevos cuerpos para la vigilancia y organización del espacio público para un mayor control. Todo esto propició una violencia social muy peculiar que se manifestó en acciones punitivas contra el pueblo, que respondió con desacato y transgresión de la ley.

Podríamos ubicar a la prensa de la época como paternalista; pretende proteger y guiar a las masas bajo un fuerte interés comercial. Los periódicos del porfiriato articularon temores y ansiedades de la clase dominante, construyendo una determinada visión de la realidad; por ejemplo, ante el despojo de tierras a los indígenas para la construcción de vías férreas, el descontento y la miseria originada por el desempleo de gran parte de la población, en mayo de 1884 el diario *La Libertad* se atrevió a señalar: "El odio al blanco y el temor supersticioso que inspira el ferrocarril a los indígenas, se complica con la vagancia y miseria de aquellos a quienes han dejado sin trabajo las recientes empresas ferroviarias; éstos por lo pronto no buscan otro medio de vivir y se entregan al bandidaje...", construyendo así el odio racial afín al positivismo ideológico que consideraba a los indígenas étnicamente inferiores.

Es así que surge también la prensa sensacionalista como expresión del empobrecimiento cultural. Era un periodismo que intentaba producir pánico moral insistiendo en el incremento de la criminalidad, exagerando o falseando los hechos, y por primera vez en la historia mexicana presentaba imágenes –fotografías o dibujos– alusivos a los delitos o tragedias. Para sus propósitos no importaban tanto los sucesos sino su impacto en los lectores. Los principales exponentes fueron *El Demócrata*, que para 1911 mostraba ya en primera plana fotografías de heridos, y en su sección dedicada al crimen, títulos morbosos; y *El Imparcial*, que dedicaba la mitad de su contenido a información similar con fotografías trágicas o sangrientas. Las noticias eran presentadas fuera de contexto para crear percepciones de inseguridad y miedo que justificaran castigos y una supuesta "limpieza moral de la sociedad".

Más que ofrecer información veraz pretendían aumentar sus ventas. No es gratuito que desde sus inicios los diarios sensacionalistas fueran los de más bajo precio y amplio tiraje. Sin embargo, pese a su estrecha relación con la anomia social, la nota roja es menospreciada como sujeto de estudio. Sus páginas culposas resaltan el rostro temible, la mueca sardónica y pendenciera, el lenguaje agresivo, el azoro inagotable y la vitalidad exacerbada. Como página de sociales del infierno, celebra la subversión del orden, encubierta bajo una lección moral. Explora lo impredecible, singular, despreciable y grotesco. Desde sus inicios, textos e imágenes proponen una estética de lo prosaico y lo ordinario mostrando en sus mejores momentos una realidad sin estereotipos, desnuda. La nota roja es un producto cultural de raigambre popular denigrado por la cultura dominante.

Sin la nota roja no podría entenderse el auge de lo que en plena globalización los comunicólogos llaman "infoentretenimiento" como eje de la cultura de masas y articulación de nuestra idiosincrasia bipolar.

La fatalidad otorga matices insospechados a la creencia común en el mal fario del destino y la posibilidad de retarlo. Ingenio, profesionalismo, eficiencia, rapidez, disciplina, iniciativa personal, sacrificio y tantos otros valores sociales modélicos encuentran ejemplos extremos en la nota roja.

En *El asesinato como una de las bellas artes*, Thomas de Quincey establece que no hay que juzgar al crimen "por un lado moral" sino de una manera extra sensible, enteramente intelectual. Y sugiere que se trate al asesino desde un punto de vista estético y cualitativo, a la manera de una obra plástica o de un caso médico. A continuación algunos personajes que habrían llevado a De Quincey al Nirvana y que el periodismo policíaco mexicano ha convertido en mitos:

Francisco Guerrero "El Chalequero", violador y asesino de más de media docena de prostitutas; Gregorio "Goyo" Cárdenas, estrangulador de mujeres; "Pancho Valentino", ex luchador, proxeneta y asesino de un sacerdote católico; Delfina, María de Jesús y María Luisa González Valenzuela, "Las Poquianchis", explotadoras de mujeres a quienes asesinaban y enterraban en su prostíbulo una vez que las consideraban sexualmente inútiles; Juana Barraza "La Mataviejitas", homicida serial de ancianas.

Son el ejemplo de "el gran criminal", aquel que ejerce una fascinación soberana y subyugante sobre los otros.

Sangre fría, cinismo, humor negro espontáneo, el horror y la tragedia que envuelven la cotidianidad de lo inmediato, son celebrados por un pueblo descreído. El crimen y su correspondiente castigo, afirma Foucault, dejaron de ser el circo del pueblo para convertirse en sombra infranqueable del hombre común.

En un primer término, la nota roja es un instrumento propagandístico del poder para condenar los excesos, sobre todo morales, que cuestionen la legitimidad de la violencia de Estado, de la ley y sus procedimientos. A ello se debe el regodeo en las imágenes grotescas y vomitivas, la labor de santo oficio que castiga con el rigor de tirajes monstruosos y a todo color "al chacal sin sentimientos" o a la "güila descarada". Nótese aquí las aportaciones del género a la antropología de lo siniestro y la difusión del habla popular.

Los tirajes de casi cualquier periódico mexicano dependen del desparpajo con que actúan la impunidad y las pasiones desbordadas del "México bárbaro". La pregunta es: ¿la mitología y el folclore verdaderamente surgen de las masas y los grandes capitales las amasan con sus industrias culturales, o éstos producen la mitología y el folclore mientras las masas se apelmazan consumiendo lo que creen que es parte de sus raíces, su cultura y su identidad?

EL LUTO COMO ESPECTÁCULO

A partir de 1950 la industria cultural y del entretenimiento crea un mercado global alrededor de las paranoias y tragedias colectivas. En México, el periodismo policiaco vive su época de oro. Las publicaciones de nota roja retocan con color sepia las fotografías. Es hasta 1972 cuando *La Prensa*, "el diario que dice lo que otros callan", aprovechando sus altos tirajes, se imprime a color pese a que la censura oficial y moral exigía ocultar la tonalidad preferida de las desigualdades sociales.

La necrofilia y el morbo hermanan la fascinación de todo tipo de público por aquello marcado por la fatalidad y la muerte en circunstancias extremas. El excelso foto-reportero policiaco Enrique Metinides sabe mucho al respecto: "El morbo existe en todos: en el que lee la nota, en el homicida, en el reportero, en los mirones. Yo siempre quise hacer algo artístico, con más categoría, pensando incluso en la familia de la víctima, en su dolor, en su vergüenza". Su vasta obra adquiere un sentido histórico a la altura de los mejores documentos sociales. Desde 1948 y hasta 1993 *La Prensa*, y durante el esplendor del periodismo policiaco en las décadas de 1950 y 1960 los semanarios *Alarma!*, *Zócalo*, *Prensa Roja*, *Nota Roja*, *Crimen* y *Guerra al Crimen* destacaron en primera plana las estrujantes historias gráficas de Metinides, quien en la práctica y sin proponérselo hizo una disección de nuestra identidad a través del cuerpo como objeto de repugnancia y compasión.

La nota roja responde a una necesidad vital de humanizar el Poder, sus fisuras y mecanismos de control. Es un salmo de una religiosidad fatalista.

Los detractores de la nota roja advierten de sus alcances. Su fin último, insisten, es provocar indiferencia hacia la muerte y la impunidad. Del mismo modo, aducen, es un hipócrita sermón a las autoridades que exigen una mayor observancia y control sobre los ciudadanos. Es, según Freud, una censura inconsciente ligada al régimen de la ley. Lo cierto es que delincuentes y marginales son parte del pandero que anima la exclusión. Vista así, la nota roja es un campo fértil para el manipuleo, pero también permite explorar en la vitalidad del hombre común hasta sus últimas consecuencias.

Desde esta perspectiva, el carácter evidente e indiscutible de las costumbres, el hecho de que el cuerpo se nos presenta como entidad obvia –pura realidad– resultado de un largo y complejo proceso de naturalización que la hace incuestionable, concede una condición natural, entre otras, a las diferencias entre sexos y los procesos de exclusión a que dan lugar; a las distinciones entre niños, jóvenes y ancianos, lo mismo que hace innecesario aclarar las diferencias entre grupos étnicos y raciales, rurales y citadinos, pobres y ricos, feos y bellos.

En las últimas décadas del siglo XX el cuerpo ganó autonomía y fundó un terreno propio a las ciencias sociales. Las teorías feministas y de género, así como las perspectivas contemporáneas sobre racismo, eugenesia, jóvenes o nuevas tecnologías de comunicación y de vida, convergen en uno u otro momento en el esfuerzo por comprender y analizar el carácter del cuerpo, así como por producir una crítica de su sentido práctico, político y simbólico.

El actual interés en el cuerpo, orientado a cuestionar su naturalidad, definir su alcance en campos como los fenómenos neurológicos, los criterios de salud y enfermedad, la compresión de aspectos emocionales e intelectuales, lo mismo que inquirir en su utilización social, en su valor político, en su alcance simbólico, oscila entre producir una sociología o antropología del cuerpo o una teoría del cuerpo. En el fondo se plantea la cuestión de la clase de fenómeno, de objeto de investigación que es el cuerpo, de si debe entenderse como un asunto construido por las disciplinas interesadas en él, o si es dueño de una existencia auténtica para cuyo conocimiento se requeriría del desarrollo de una orientación especializada. El cuerpo, así, se involucra con la violencia, la sexualidad, la locura, la prisión, el saber y el poder. La nota roja es un laboratorio donde vemos al cuerpo supliciado, torturado, desmembrado y subordinado a minuciosos dispositivos y disciplinas que lo cercan, lo marcan, le imponen signos, usos y funciones; se ve sometido a una sociedad disciplinaria que emplea técnicas, procedimientos y discursos para formar (y deformar) individuos e identidades. En esta extensa red de relaciones cuerpo-individuo, espíritu y materia son actores principales cuyo papel único es padecer o ejercer poder.

Del mismo modo, a las variedades fenotípicas que conocemos como razas se les ha asignado desde finales del siglo XIX, y debido a las teorías evolucionistas de Darwin, valores que han servido para fundamentar la diferenciación y jerarquía entre los seres humanos, las sociedades y las expresiones culturales. La pigmentación, la talla y la complexión corporal, la forma y el volumen craneal o el color de los ojos, representan rasgos evolutivos, considerando incluso algunos de éstos como infrahumanos. Las jerarquías que estructuran buena parte de las sociedades contemporáneas, deben entenderse en relación con el valor asignado históricamente por éstas a las diferentes razas.

Es preciso hurgar un poco en la historia para entender mejor los usos e interpretaciones del cuerpo en la génesis de la criminología y poco después el auge del periodismo sensacionalista o de nota roja.

El así llamado padre de la criminología, Cesare Lombroso, era el intelectual italiano más famoso de su época. El libro que le ganó su reputación es *L'uomo delinquente*, publicado en 1876. En él afirmaba que se podía identificar a los criminales por ciertas deformidades físicas: orejas con forma de asa de jarra, frente baja, brazos largos, etcétera. Denominaba tales signos "estigmas criminales". Lo que éstos demostraban, según Lombroso, era que los delincuentes constituían en realidad anacronismos biológicos, retrocesos accidentales a un estadio anterior a la evolución humana. De ahí que se parecieran a los "primitivos" pueblos no europeos, e incluso a los animales. Lombroso suponía confiadamente que los no europeos se situaban un peldaño más debajo de la escala del desarrollo racial y, en consecuencia, eran intrínsecamente criminales. Llevando al límite su propia lógica, Lombroso creía también que todos los animales eran criminales. Quizá esto nos de una pista sobre los motivos de George Orwell para escribir su *Rebelión en la granja*, publicada en 1949.

El carácter disparatado de lo que Lombroso denominaba su "antropología criminal" resulta hoy más evidente que entonces (por lo menos en países desarrollados). Los italianos eran parte de un frágil y nuevo Estado, y desde la unificación en aquel año de 1876 habían sido víctimas de una alarmante oleada de crímenes. Como resultado, muchos de ellos consideraron tranquilizadoras las ideas de Lombroso. La conclusión de su teoría fue divulgar la creencia de que el hecho de que hubiera tantos delincuentes no era culpa de Italia; la biología se convertiría en un buen chivo expiatorio que rápidamente se popularizó en Europa y luego en las nacientes repúblicas latinoamericanas. Además de ofrecer un consuelo público, las numerosas ediciones de *L'uomo delinquente* (y su secuela aún más racista, *La donna delinquente*) proporcionaban a sus lectores un lujurioso deleite con ilustraciones de genitales y otras partes del cuerpo de delincuentes vivos. Ante las grandes audiencias que acudían a sus conferencias en la universidad de Turín, Lombroso –un tipo gordinflón y astuto como un mapache– demostraba la presencia de los estigmas de la delincuencia con profusos ejemplos gráficos.

El legado de Lombroso sigue vigente. De ahí mi acercamiento al cuerpo a través de la nota roja y sus implicaciones profundas en la sociedad y el arte.

En la nota roja, las palabras quedan atrapadas en las imágenes que cautivan al lector. Las palabras se encuentran suspendidas, cortadas de su posibilidad de reconocimiento o acuerdo. En la escena del crimen que presencian los mirones y los peritos está el cuerpo concreto, real, el que cobra soberanía. Es el cuerpo del delito que configura la contundencia de un acto sin palabras, la cristalización o lo diezmado de la palabra, por más que en la narración policiaca se insista en otorgar al suceso una fuerza expresiva teñida de humorismo involuntario y adjetivaciones espectaculares que brindan un contexto narcisista al crimen; pero sobre todo al cuerpo del delito y al criminal. Es posible que éste objetive la instancia de la ley pero como castigo al otro. Es posible que en su acto objetive su identificación con la ley, con la ley implacable que castiga a otro por sus faltas y pecados, incluso con saña. El cuerpo del criminal aloja en sus acciones, en su delito, la presencia cruel del súper yo endiosado. El cuerpo como delito también hospeda la culpa que se castiga decididamente (o por lo menos idealmente) en el otro.

Todo ello seduce en tanto se presenta el saber como un poder, como un instrumento de dominio y simulacro digno del histrión y del gran criminal. Encajuelado, enmaletado, embolsado, encolchado, maniatado, ajusticiado, decapitado, descuartizado, pozoleado. Glosario de lo abominable mediante el cual se conceptualiza un orden persuasivo y dramático que otorga nuevos significados a nuestra relación con el cuerpo y su identidad proscrita.

Periodismo policiaco retro, revisitando los *Populibros la Prensa*

Un hombre se bebe días de cantina y noches de lupanares hasta añejarse en toda clase de delirios. Sin ser brujo ni mucho menos, tendido en una cama de hotel sin estrella, la cruda mañana de un martes lo hostiga de tanto adivinar lo que le espera si no alivia de inmediato el malestar que lo tortura. Descobijado de cualquier remordimiento regresa a casa como si nada hubiera ocurrido durante dos largos días con sus noches de ausencia. Poco queda a su labia del don de provocar una carcajada contagiosa luego de cada frase conciliatoria. Su mujer, cansada de perdonarlo nuevamente por "última vez", sabe que la magia del mago de las patrañas ya no puede convertir verbo y buen humor en borracheras solapadas. Hace tiempo que sus chistes dejaron de ser graciosas conjuras.

Semanas después, otra cruda implacable lo consume y no tiene ni un peso para aliviarla. Su mujer no está para auxiliarlo. Ha salido a dejar a los niños a la escuela toman-

47

do la precaución de cerrar con llave la prisión casera de su marido. Cuando regresa, se encuentra con que aquel se arrojó por la ventana del segundo piso de su viejo departamento en el centro del D.F., abatido por sus demonios.

Ese mismo día a mi padrino de bautizo lo velaron sus amigos y familia con cafés bien cargados de ron y murmuraciones de que su mujer lo había empujado al vacío.

Este testimonio autobiográfico no pretende una apología de las miserias cotidianas. Sólo pretendo señalar la importancia del crimen y la tragedia en la historia del país y su papel protagónico en la industria de la información y del entretenimiento: ejes de la cultura de masas que articulan nuestra difusa conciencia de lo que somos.

Durante mi infancia a principios de los años setenta en la colonia Juárez del D.F., arriba del excusado del departamento familiar esperaban su turno para ser leídos unos gastados libros de bolsillo que parecían editados bajo crudas como la que empujó por su ventana al compadre "Lupillo". Apilados en la tapa del depósito de agua, prolongaban más de lo debido las visitas al baño de la numerosa prole. Narraban historias reales de crímenes ocurridos en la ciudad de México y melodramas desde la prisión de Lecumberri.

Estos libritos de portadas tan estridentes como feas, además de ayudarme a mejorar mis habilidades de lectura, con el paso del tiempo resultaron algo así como una *Guía Roji* de algunas de las colonias donde crecí rodeado de personajes parecidos a los que protagonizaban los relatos policiacos.

En el México posterior a la revolución la violencia social tomó una nueva significación ligada a la experiencia urbana moderna. De ese entonces a la fecha la proliferación de publicaciones especializadas en hechos delictivos es parte de una tradición editorial mexicana que parece encontrar su nicho en alguna peculiaridad cultural que hace de los mexicanos insaciables consumidores de morbo y frivolidad. En esta dependencia entre industria y consumo se amontona toda clase de basura editorial. Pese a ello, no existen escisiones irreconciliables entre calidad y popularidad, entre literatura y periodismo. Todo lo contrario.

En estos tiempos donde proliferan los festejos a "los héroes que nos dieron patria", se hacen evidentes el autoengaño y las mentiras en las que está cimentado el fervor nacionalista que hace de cada 15 de septiembre una bacanal de desmemoria colectiva. Si hurgáramos con atención en los libros de historia (así sean los de enseñanza básica, donde ahora todos somos descendientes de una generación espontánea, sin nexos con el virreinato) encontraríamos tomos completos de picaresca, rufianería y perversiones como para acomplejar a "Goyo" Cárdenas, Higinio "el Pelón" Sobera del Flor o a Juana Barraza, "La Mataviejitas". Sin embargo, a diferencia de muchos de nuestros próceres, estos criminales resultan más cercanos y "accesibles", humanos, por decirlo así; se parecen a ti o a mí, a tu suegra, la novia, al vecino metiche y lujurioso, al noviecito modelo o a la estrella de la televisión que un día es gloria nacional y al siguiente ingresa al reclusorio acusada de proxenetis-

timonio sobre el melodrama de la modernidad de un pueblo heredero de rituales sangrientos.

La práctica de un hecho delictivo tiene múltiples variantes, buen número de ellas se destaca por su ingenio, meticulosidad, sangre fría, precisión e incluso humorismo involuntario exaltado por el estilo entre gazmoño y socarrón del redactor. La habilidad para burlar la ley y sesgar vidas siempre será exaltada por una sociedad que aun sin aceptarlo abiertamente, antepone al horror de la barbarie su admiración y respeto por quien lleva hasta las últimas consecuencias sus patologías, "el héroe" cuya inteligencia y osadía reta al tejido social. La impunidad asentada como uso y costumbre tiene una influencia fundamental para que el transgresor radical aspire en algún momento a la simpatía del pueblo "bueno" o malo, da igual, del mismo siniestro modo.

La colección Reportaje de *Populibros La Prensa* es un recuento más o menos arbitrario de delincuentes y policías mexicanos célebres durante buena parte del siglo xx. A través del oficio narrativo de David García Salinas, varias generaciones de lectores nos hemos deleitado mórbidamente con las historias criminales que exhibieron (sin proponérselo) las corruptelas, incompetencia y doble moral de las autoridades, así como de una sociedad ávida de jueces y verdugos entre los vericuetos kafkianos del aparato judicial mexicano. El secuestro del niño Bohigas, los crímenes de Pancho Valentino "El Matacuras", el caso Villar Lledías y muchos otros son recreados con lujo de detalles y melodramatismo que bien valen la pena una relectura.

Sin dejar de lado que la llamada (peyorativamente) "nota roja" casi siempre funciona como medio propagandístico de la violencia de estado, en las publicaciones más grotescas se hace labor de santo oficio que condena con el rigor de tirajes monstruosos y a todo color al "chacal sin sentimientos" y a "la güila descarada", los *Populibros* referidos tienen un valor testimonial incuestionable. En muchos sentidos, y como lo demuestra lo mejor del periodismo policiaco mexicano que incluye al genial fotógrafo Enrique Metinides, la capital del país desde el porfiriato hasta nuestros días, ha sido relatada brillantemente por los mejores exponentes de este género proscrito y soslayado, más que en cualquier otra narrativa.

En una nación donde gobierna la tragedia, lectores y editores establecen una relación de dependencia con el crimen, que de estar bajo control volvería insignificantes los tirajes de publicaciones como *El Nuevo Alarma!*,[1] por ejemplo, o en un contexto de nivel educativo nacional mayor al cuarto grado de primaria, selectivos. La aceptación de las publicaciones sensacionalistas tiene relación directa con

---

1 Ciento cincuenta mil ejemplares semanales aproximadamente, de los cuales se venden entre ochenta y cien mil, según su director, Miguel Ángel Rodríguez. La colección Reportaje de *Populibros La Prensa*, vendió desde su primer edición a finales de la década de los setenta alrededor de quince mil ejemplares por libro, cada uno con varias reediciones que a la fecha suman más de ochocientos mil (http://davidgarciasalinas.com/).

la impunidad y la criminalidad, más allá de las estadísticas y los análisis que demuestran que México no es más violento que otros países con altos índices de homicidios.[2] Esto de cualquier modo no contribuye a que la calidad de las publicaciones especializadas en la tragedia del hombre de la calle, esté a la altura de la sofisticación y variantes de crueldad que alcanzan en nuestros días la violencia en México.

Sin duda, la literatura y el cine mitifican personajes e historias donde la subversión de la ley y el orden se convierte en exaltación y justicia poética contra la representación del Poder. Es como en una pelea de box donde el público simpatiza con el contendiente que tiene en contra las apuestas.

Como bien afirma José Ramón Garmabella en su ensayo publicado en la edición obituaria del tabloide *A Sangre Fría* (Producciones El Salario del Miedo, Almadía, 2008), "no se puede escribir la historia de una ciudad, y la de México no es la excepción, si antes no se dedica al menos un capítulo extenso a su historia criminológica".

En esta narrativa distópica el lado oscuro de nuestras sociedades se ennoblece, diría Foucault, de asesinos y rufianes: monarcas de la sordidez. Su multitudinaria corte les rinde pleitesía en los kioscos de periódicos.

---

2 *Homicidios 1990-2007*, Fernando Escalante Gonzalbo, revista *Nexos*, núm. 381, septiembre 2009.

El emporio de la "mordida"

Es el título de uno de los capítulos de *Los huéspedes de la gayola,* uno de los tomos más logrados de la colección Reportaje de los *Populibros.* David García Salinas, egresado de la escuela de periodismo Carlos Septién, fue durante la década de 1970, en que salió a la venta esta colección, uno de los reporteros estelares de *La Prensa,* "el periódico que dice lo que otros callan". Así se expresa José Revueltas del en aquel entonces joven periodista en una de las contraportadas: "Nos transporta al pasado haciéndonos saborear verdaderas historias criminales, que conmovieron hondamente a nuestros padres y a nosotros mismos. El joven escritor utiliza una prosa sencilla, desprovista de artificios, que hace digerible la lectura".

Una valoración desprejuiciada de esta colección le haría mucho bien a cierta clase de lectores y literatos que de inmediato levantan la ceja (como esos cinéfilos que públicamente no se atreven a confesar su gusto por las películas porno, a menos que sean consideradas "de culto") ante este tipo de literatura. No hay otra pretensión que la de entretener con textos de calidad y hacer dinero con ediciones económicas, noble finalidad que cualquier otra editorial debería de tomar como una de sus premisas. Las crónicas de García Salinas exhiben con escalofriante visión de oráculo un México infestado de violencia, de modernidad vestida de mariachi, de democracia sin demócratas y de desarrollo invisible a millones de habitantes.

Sigue siendo válido el término "nota roja", pese a las objeciones de los investigadores en temas de seguridad y justicia, que lo consideran anacrónico y ofensivo para los reporteros especializados; a mi modo de ver se refiere a un producto cultural de consumo masivo, ya que a eso alude, a un término de fácil identificación para un producto cultural de consumo masivo y lenguaje vernáculo, comercializable, pues ésa es su esencia.

El hecho es que el periodismo policiaco en México vive una revaloración. Ciertos espacios, en revistas sobre todo, permiten que las historias sean cada vez menos enumerativas, inconexas y banales. No es casual el interés reciente que suscitan las antologías y libros de reportaje sobre el tema, sin considerar aquellos que atienden la guerra contra el "narco". Toda proporción guardada, los *Populibros* y sus historias delictivas que datan desde 1929, dan seguimiento al *Libro rojo* de Payno y Riva Palacio, y anteceden a la continuación de este mismo título actualizado en tres voluminosos tomos por el Fondo de Cultura Económica a partir de 2008.

El hombre no es malo por naturaleza pero cómo disfruta mantenerse en estado salvaje. La "nota roja" refleja a una sociedad como la mexicana; es, nos guste o no, una manifestación de la lucha de clases y una oportunidad de confirmar sospechas sobre quiénes propician que la tragedia y la muerte estén presentes en la vida de la mayoría de la población como un hecho cotidiano; es del mismo modo consecuente con una era de caos global donde los excesos y horrores cotidianos reactivan la creencia en mitos, el fanatismo y la predestinación a las fatalidades.

Lo interesante no es destacar el crimen en sí mismo, pues no existiría espacio alguno capaz de detallarlo, sino a aquellos que como en todo espectáculo meten dinero a la taquilla.

Las continuas reediciones de la colección Reportaje de *Populibros La Prensa* hablan por sí mismas de su vigencia y de cómo el periodismo de calidad puede ser accesible para cualquiera. El mérito, sin duda, es de David García Salinas, "cronista de las cárceles de México" y leyenda del periodismo policiaco mexicano, quien narra con un estilo un tanto melodramático pero fiel a esta tradición de literatura picaresca y popular, las andanzas de los huéspedes distinguidos de la prisión de Lecumberri así como los homicidios y plagios perpetrados en la capital del país hasta 1976, fecha en que dicha prisión dejó de funcionar como tal. Los personajes son comandantes de la policía, exmilitares, damas de sociedad, agiotistas, albañiles, faranduleros y matones a sueldo. O sea, nada que no tenga vigencia. Nombres como Jacinta "Chinta" Aznar (cuyo caso inspirara la novela de Rodolfo Usigli, *Ensayo de un crimen*, y la película de Buñuel del mismo nombre), Luis Romero Carrasco y Trinidad Ruiz Mares "La Tamalera" se acoplan al presente mexicano con sus "crímenes espeluznantes".

Aunque el anecdotario de la colección Reportaje de los *Populibros La Prensa* a veces parece remembranza de cantina, como testimonio periodístico tiene un valor indiscutible. Cubre lo que sería "la época de oro" de la crónica policiaca. Todas las historias aparecieron originalmente por entregas (en la tradición misma de la novela de folletín decimonónica) en el periódico de la casa editorial y siempre son divertidas gracias a las "reflexiones" y conclusiones pías del propio "transcriptor", que en repetidas ocasiones escoge como recurso narrativo dar voz a los presuntos protagonistas.

Estas crónicas han pasado a formar parte de la voz popular y no es raro aun hoy escuchar sus variantes en borracheras, taxis y en boca de aquellos que, ya encanecidos y con un colmillo retorcido por los años de resistencia a los imponderables de la existencia, con las mejores intenciones dan su punto de vista sobre la situación del país e incluso del cine nacional a partir de la remembranza de estas crónicas (por cierto, con tanto homenaje no estaría de más reeditar la colección y un reconocimiento a periodistas como David García Salinas, José Ramón Garmabella y Enrique Metinides, aún vivos). Así reza en el prólogo de *En la senda del crimen*, refiriéndose al autor: "...ha tenido y cuida de tener siempre en sus escritos, el escrúpulo de realizarlos apegándose estrictamente a la verdad de los hechos, extraída sin malicia, sin aviesa intención (...) para evitar, en lo posible, que sus narraciones pudieran ser tomadas como inspiración o como libro de 'texto' para el crimen, o para delitos de cualquier categoría".

Los *Populibros* inmortalizan al criminal, el crimen, los escenarios donde transcurre y donde se paga (por increíble que esto parezca) la "deuda con la sociedad". Pero sobre todo exploran los bajos fondos de una ciudad, no sin cierta mirada nostálgica en deuda con el cine de Ismael Rodríguez y Buñuel. Del mismo modo anticipan la fascinación actual de jóvenes documentalistas como Everardo González, autor de *Los ladrones viejos* y *La canción del pulque*; John Dickie, autor de *El diablo en la nota roja* y José Manuel Cravioto, autor de *El charro misterioso*.

Talento, convicción y sangre fría subyacen en el relato como elementos no exclusivos de instituciones o individuos que actúan dentro de los marcos de lo permisible, todo es cuestión de enfoques de acuerdo con la moral de quien detenta un poder.

Los comentarios en la contraportada de los *Populibros* incluyen a José Revueltas, Juan de la Cabada y Rodolfo Coronado, a quien, disculparán mi ignorancia, pero hasta hoy no lo conozco ni por vida ni por obra. Gracias a ellos o a pesar de ellos, los *Populibros* se han convertido en clásicos de "la plebe" dentro de lo que algunos se obstinan en llamar "subliteratura".

No perdamos de vista que las publicaciones especializadas en temas policiacos son en todo momento una llamada de atención: "¡Estamos en manos de asesinos!", parecen gritar. Son un reclamo de mayor observancia en las conductas de los ciudadanos pues se ve en ellos a criminales en potencia y hasta se llegan a sugerir prototipos anatómicos en el mejor ejemplo lombrosiano. El discurso paranoico justifica puniciones y presupuestos exorbitantes en seguridad que sólo a los intereses de la industria de la televisión y de los inútiles gobernantes nunca son suficientes.

Lo cierto es que publicaciones de historias policiacas reales forman parte de una industria de entretenimiento donde delincuentes y marginales son las estrellas principales.

Michael Foucault esclarece lo anterior:

(...) una literatura en la que el crimen aparece glorificado, pero porque es una de las bellas artes, porque sólo puede ser obra de caracteres excepcionales, porque revela la monstruosidad de los fuertes y los poderosos; porque la perversidad es todavía una manera de ser privilegiado... Se trata, en apariencia, del descubrimiento de la belleza y de la grandeza del crimen, de hecho, es la afirmación de que la grandeza también tiene derecho al crimen y que llega a ser incluso el privilegio exclusivo de los realmente grandes. (*Vigilar y castigar*, Editorial Siglo XXI, p. 72.)

CIUDAD
SIN DIOS

Meterte en el fango te estimula ambiguamente.
Es una dispensa delirante.

JAMES ELLROY

Los estudiosos de la conducta ven en los mexicanos un fuerte sentido del ridículo. Los altos contrastes sociales permiten que el mendigo extienda la mano aun al potentado más engreído, la actitud de ambos se apuntala con un extraño sentido de la farsa carnavalesca que los vuelve protagonistas de la vida nacional. El pobre y el rico pactan lealtad a sus diferencias en la medida en que ambos sacan partido de un legado histórico majestuoso derivado del cinismo. En la misma línea de descendencia del polichinela napolitano y francés, el cábula es un psicópata de la camaradería, un terrorista de la autoestima ajena, que busca en ella sus fisuras para demolerla con sátiras trepidantes. En sus mejores momentos, es un curador del espíritu popular. Sus blasfemias y ocurrencias despiertan la carcajada y el cachondeo como desahogo ritual. Lisonjero y anárquico, el cábula sabe eludir los compromisos, remilgos o solemnidades. Es el peor enemigo de los imperativos sociales y del humor como *spleen*. Su ingenio cruel y fino, siempre mortífero, somete o extermina a quien cree inferior, complaciente o, sencillamente, más pendejo. Adaptable, sabe sacarle partido al morbo, al catastrofismo y al escándalo.

Abunda un tipo de borracho empalagoso, muy dado a enfrascarse en monólogos obsesivos que exigen concentración litúrgica para no perderles el hilo. Lo peor es toparse con uno de aquellos. Alza la voz por encima del barullo para impedir a como dé lugar que ignoren su soliloquio, o la baja una vez que ancla su brazo en un hombro desprevenido antes de soplar el aliento agrio a la cara de su víctima; así remarca la importancia del regaño o la confesión (insulsa) que le hace el "honor" de revelar. Por eso la cábula es tan necesaria, pues rompe con esa quejumbrosa impertinencia en la que incurrimos cuando la borrachera ganó la partida.

Sin lo grotesco y lo bufo, la vida se vuelve una obligación. Cantinas y, en general, los bajos fondos, son las guaridas donde se reconoce al lobo por los colmillos.

PREDISPOSICIÓN AL AZAR

El África es una cantina en Las Cruces y Uruguay, en el Centro Histórico de la ciudad de México. Sus dos pequeños niveles la hacen atractiva a quienes gustan de ambientes discretos. Pese a su nombre, por ningún lado aparecen referencias al todavía llamado "continente negro". En todo caso las habría con el Oriente Medio, Líbano, pues en la zona abundan los comercios, sobre todo de telas, propiedad de familias que emigraron de ese país.

Al pedir el primer vodka *Ricky*, fui atendido por el único indicio de africanidad: un mesero tabasqueño de tipo mulato. El África prescinde de rocola, lo cual considero un acierto, pues por las dimensiones del establecimiento el estruendo que usualmente se desprende de estos aparatos, volvería asunto de autistas el convivio. Tal ausencia facilita los empeños alternados de un trío norteño y de un trovador de "la tercera edad" con aspecto de asambleísta. El África ofrece un servicio amable a precios módicos y una norma con la cual la gerencia gana simpatías: "No pague una comida, nosotros se la invitamos".

El juego del cubilete es un pasatiempo muy buscado por la clientela, sobre todo de edad avanzada, que de plano desatiende el omnipresente televisor. Ya el penalista y sociólogo porfiriano Julio Guerrero en *La génesis del crimen en México* (Conaculta, 1996) observaba a principios del siglo pasado un detalle de asombrosa actualidad:

> Los mexicanos hemos vivido con la creencia íntima de que en nuestro país todo es aleatorio y caprichoso. La falta de uniformidad y credibilidad en los eventos que conforman el devenir social nos han predispuesto al azar y a reproducir de la misma manera las contingencias de éxito y fracaso de la vida, en lo que se refiere por lo menos a la riqueza y a la miseria, es decir al juego, y así es como se explica lo extendido que este vicio está en México.

En sí los juegos de azar son inofensivos y más que apostar a la suerte, se reitera. Las contingencias diarias en esta ciudad bastan y sobran para que cualquiera pierda el interés en retar a la suerte cuando está echada de antemano. El África es de las pocas cantinas del centro que aún reserva el trabajo de mesero únicamente para hombres. Las mujeres ocupan puestos congruentes con la misoginia que, durante tanto tiempo, hizo de estos lugares santuarios de machismo desbordado entre un trago y otro: la cocina u ocasionales acompañantes del copeo. Los parroquianos habituales son bodegueros, piratas, comerciantes y oficinistas de rango medio. El mobiliario y los baños no tienen nada que los distinga de otras cantinas; y quizás, lo que mejor habla de El África desde hace más de cuarenta años, es su política de puertas abiertas al borlote de una zona que anticipó por mucho la estética de *Blade Runner*. Cada quien en su rumboso safari vivencial enfrenta su propio bestiario. El teporocho sus elefantes rosas, el gestor y el leguleyo sus risotadas de hiena, el picudo y el hampón sus rugidos de león rasurado, la amasia, el gorrón y el oportunista las lágrimas de cocodrilo. No hay retratos o trofeos con los que este tipo de lugares suelen presumir su cercanía con la fama y el poder. El encanto de El África reside en la apacible indiferencia al tiempo que permite parlotear con extraños o ignorarlos sin sobresaltos.

A tan sólo cuatro calles al noreste está La Peninsular, en Corregidora y Talavera. Debe su añejo prestigio al menú y a la generosidad en las dosis de alcohol en cada trago, de ahí los apretujones en la barra y al momento de ir al mingitorio. Aunque no me toque a mí decirlo, encontré tipos de una fealdad digna de asombro. No sé si se deba a la ubicación de la cantina, en una zona de agobiante mercadeo callejero, o a alguna particularidad ambiental que intensifica lo grotesco. Si uno pasa por La Peninsular antes de que abra, se sorprenderá de la montaña de bloques de hielo que se derriten junto a la entrada de Talavera, esperando su ajusticiamiento ritual con picahielo en una hielera herrumbrosa que, según los entendidos, es tan vieja como la cantina. Por la noche, cuando los puestos ambulantes sobre Corregidora terminan como cualquier "encajuelado" (hechos bulto y amarrados con cuerda y cinta canela), más de un parroquiano abandona La Peninsular con la moral en alto,

pues en lugares como éste siempre habrá alguien con quien
compararse y salir airoso.

Compadres

Cuenta la historia que durante la invasión norteamericana
de 1847 (aquí la precisión cronológica se vuelve indispensable), en barrios bravos de la capital del país a diario caían
soldados yanquis bajo la audacia puñalera de algún lépe-
ro solitario, o a manos de alguna banda de miserables ar-
mados con cuchillos y piedras. La plebe hacía correr a los
invasores. Mujeres y hombres tendían trampas a las tro-
pas enemigas. Durante semanas los despreciados léperos
combatieron en las calles contra los soldados gringos, que
no podían salir de noche sin ser víctimas del lazo o el puñal. La resistencia gubernamental había sido sometida, no
así la individual y espontánea. Esto no hubiera sido posible
sin los sólidos lazos filiales entre la plebe, que ya desde entonces valoraba la importancia de un compadrito en momentos de peligro.

Hasta nuestros días subsiste la esencia de ese pacto ritual que une a los jefes de familia para proteger a los suyos
contra los abusos del poder, las desventuras de la suerte y,
en general, para formar alianzas y contubernios que agran-
dan familias y oportunidades de festejar. Un compadre de
moral relajada tolera arrimones a su mujer sin que lo ago-
bie la sospecha. Quizás por ello las muestras de afecto más
significativas entre parientes llevan implícitas el consen-

timiento de un triángulo amoroso. Por si las moscas, uno de los atributos principales de un compadre debería ser sus "malos bigotes".

El compadre es un escudo simbólico contra los influyentes y enlace con la cofradía del nepotismo. Tener muchos compadres significa estar a salvo de la puñalada trapera del conspirador encubierto bajo zalamerías y dedazos. La cantina acoge y fomenta el culto al compadrazgo pues ahí se calan las virtudes, solvencia y hombría de los prospectos más allá de su linaje o antigüedad como amigo. En sí misma, la cantina es una comadre alcahueta de nuestras debilidades emocionales. El compadre modelo solapa ideales y mañas hereditarias. Si la unión hace la fuerza, el compadrazgo relaja el compromiso, siempre pactado al calor de las copas.

A los compadres generosos les deseamos lo mejor y engrandecemos sus cualidades y hazañas; a los cicateros, los degradamos con reproches y apodos oprobiosos. El compadrito representa la camaradería absoluta, el reconocimiento máximo que una persona otorga a otra por sus méritos. Eleva los lazos civiles que unen a la familia con el Estado. En décadas recientes los mexicanos hemos devaluado la importancia del compadre, entre otros motivos, por una crisis económica que ha vuelto azaroso el presupuesto, el bolo en los bautizos y en general cualquier intento de generosidad filial. El dinero no lo es todo, pero siempre ayuda a encontrar virtudes en esa alma gemela que las esposas y los envidiosos ven como un pegote sonsacador y confianzudo. Sin embargo, el compadrazgo podría recobrar su importancia ritual y sincera pues funciona como arma de defensa contra gandallas, transas y despojos. Vale la pena tomarlo en cuenta en esta época de políticos desvergonzados que entre complots, amoríos y delaciones, encabezan el desbarajuste nacional.

Un compadre no nos va a salvar de los malevos sexenales y sus alianzas rastreras, pero al menos no nos dejará (aunque quiera) morir solos.

Otredad y amarillismo

Lo que apátridas y fureños califican como pereza podría ser, en buena medida, consecuencia de peculiaridades atmosféricas que inclinan al chilango hacia la contemplación y el desgano. A ello debemos la continua sensación de claustrofobia y valemadrismo desafiante en las calles, sobre todo las del centro de la ciudad. En 1901, el penalista Julio Guerrero, en la obra citada anteriormente, señalaba que la mortificación y los hechos consumados no son sino manifestaciones de una atonía climatérica, de languidez. El quietismo y la tranquilidad de espíritu encuentran, por consiguiente, un eje rector en esta capital. Hoy en día es posible encontrar en su primer cuadro, y en la Merced en particular, escenas cotidianas que sobreviven al tiempo y a los vaivenes políticos. Si hiciéramos una toma abierta en 360 grados, podríamos darle un nuevo sentido al significado de "tradición", tomando en cuenta un informe del Consejo Nacional de Población divulgado a principios del 2003, según el cual los niveles de desequilibrio social en México ejemplifican la existencia de dos mundos separados y fragmentados, con tensiones y contradicciones propias de la iniquidad. El México rural, pobre, predominantemente indígena, anclado en la agricultura de autoconsumo, con carencias de todo tipo no paliadas y sin escapatoria aparente; por otro lado, el México moderno, urbano, integrado a la globalización, con la prosperidad propia de los países del primer mundo. Entre esos dos extremos se encuentra un abigarrado mosaico de situaciones.

Grandes grupos de infelices se congregan en parques, jardines, cantinas y toda clase de lupanares. Entre suspiros y bostezos, intercalan prolongados momentos de euforia etílica.

Continúa el visionario Guerrero, instalado doctamente en su estudio porfiriano:

En las condiciones normales la depresión y la resequedad del aire producen en México una atonía general que directamente predispone a la pereza para ejecutar los pequeños esfuerzos de la vida cotidiana... El café, el cacao, el té, el pulque, la cerveza y el vino tomados en la comida y extra como aperitivos o digestivos son alimentos respiratorios que el enrarecimiento, calefacción y resequedad de la atmósfera reunidos reclaman, y que muchos mexicanos usan para compensar sus efectos enervantes, así como el ligero pero constante excitante del tabaco.

Si he de dar crédito a la vigencia de esta tesis, el principal culpable de que esta ciudad le sea fiel a su historia llena de viciosos y delincuentes es el clima mismo, y dudo mucho que los organismos e instituciones encargados de prevenir y combatir las adicciones y el deterioro ecológico puedan hacer algo al respecto.

LOS DE ABAJO

Camino a la vera del Palacio Nacional, rumbo a Corregidora, de ahí, iré zigzagueando calles hacia el oriente hasta Jesús María. La plebe viste sus distintos rangos ocupacionales y su jerarquía social. Los soldados haciendo guardia en Palacio Nacional y los policías apostados en calles y edificios, remiten a la leva forzada que durante periodos de crisis social a finales del siglo XIX y principios del XX, sirvió para disciplinar ociosos y mal entretenidos, y combatir a los enemigos del mito de la soberanía. Ayer como ahora, el empleo castrense es de las pocas opciones que tienen los pobres para permanecer en la legalidad, aún a costa del respeto social. De cualquier manera, su multitudinaria presencia en calles y plazas vuelve imposible contenerlos por las buenas. Son un desecho del industrialismo tardío, costosísimo de reintegrar al proceso productivo pues son reacios al control político.

Cuando el sistema urbano industrial enfrenta el problema de la marginalidad, saca a relucir su impotencia para regular o controlar políticamente a estas abundantes masas irredentas. Como cúmulo de residuos no procesables, los pobres plantean el reto de recircularlos, de incorporarlos al ciclo productivo y al control social, lo que generalmente implica enormes costos políticos y económicos que de facto, no están presupuestados. La sociabilidad marginal del pobre, ágil y dinámica, lo desvincula de alianzas formales. De lejos y de cerca, la turba resulta tan temible en caso de amotinarse, que como defensora de la patria, según revela la historia.

No es nada fácil percibir a plenitud la maraña de relaciones entre las diferentes capas sociales. Una escenografía variopinta y una lotería de personajes en continua rebeldía polarizan la ostentación y codicia de los inversionistas, azoran a los hombres de traje, guardaespaldas, choferes y camionetas blindadas (*Señor, antes de que siga divagando, déjeme reiterarle que la globalización es la mejor amiga de los pobres y de ninguna manera su enemiga. Así hablé* YO, *Ernesto Zedillo Ponce de León, ex presidente de México, al periódico italiano* Corriere della Sera, *durante mi participación en el Foro Económico Mundial de Nueva York en 2002*), e inhiben al turismo extranjero, siempre sorprendido de la variedad de calamidades y desposeídos en tan pocos metros cuadrados. Cualquier pretensión de saneamiento y expurgación de resistencias, de airear, higienizar y privatizar, cede ante la densidad proteica del populacho. El ala norte y oriente de Palacio Nacional están repletas de desarrapados, malvivientes y gente de voluble moralidad y economía. Se trata de un amasijo maleable y peligroso pues su energía y metas diarias se concentran en no caer aún más bajo de lo que ya está. El hundimiento de la ciudad es una metáfora de un destino inexorable, acelerado por los abusos administrativos, sobre todo en los últimos treinta años. Rompecabezas de urbanistas e ingenieros, la capital se ha vuelto deidad en un país chueco, tétrico y atrancado en el atraso, la violencia y las desigualdades, cuya oligofrenia religiosa lo postra ante el iluminismo político y el sincretismo necrófilo: culto a la santa muerte y a san Judas Tadeo, patrono de las causas difíciles en la Ciudad de la Esperanza. Vamos, México, resucitemos de la mano de Regina.

Hay suficiente información mediática como para conocer lo que se mueve bajo la superficie de la ciudad. Desde finales del virreinato, para no ir más lejos, la crónica periodística y la literatura se han valido del testimonio en caliente para hilvanar la vida en las barriadas. Los acercamientos y percepciones sobre la ciudad varían tanto como los sentimientos de un enamorado mal correspondido a la hora de buscar desahogo en el repertorio de una rocola: el momento marca el ritmo, el género y el cantante preferido. Durante semanas, repasé, amedrentado, información obtenida principalmente de tabloides, lectura edificante: nadie como ellos para situarme en mi realidad histórica y educativa, sobre todo con la enorme capacidad de ahorrarme tiempo y frustración indagando en oficinas gubernamentales y pesados informes institucionales. Mientras caminaba por el perímetro de treinta y seis hectáreas y cincuenta y tres manzanas que comprende la zona de la Merced, hablé con comerciantes, vecinos, empleados de mostrador, cargadores, bodegueros y viejos sobrevivien-

tes del proletariado urbano, sobre todo del gremio ferroca-
rrilero; con gafas oscuras y resacas acumuladas consulté
bibliografías, recordé otras, prescindí de muchas; me metí
entre papelerías, misceláneas y jarcierías a preguntar precios de jaulas para cotorro, comales, reatas, ratoneras, ten-
colotes, pelotas de esponja o cubetas de latón; piropeé a las
dependientas de Creaciones Chela, en Uruguay y Talavera,
especializadas en vestir niños Dios que en nada se aseme-
jan a los diablillos vivarachos que jugaban, vendían dulces
o cargaban bultos en calles y plazoletas –me pregunté si
los padres se atreverían a gastar en esos buscones en gestación los setecientos pesos que cuesta la vestimenta más
cara para los niños de porcelana. Vi dibujarse la sorna, la
chanza y la bravata en gestos bruñidos por dientes de oro
y aluminio. Todo esto mientras mitigaba la sed con cerveza en misceláneas con trastienda, donde uno puede chupar
a discreción evitando supervisiones, vigilancias o gorro-
nes. Paladeé cerveza en bola, en cubetazos con seis de lo
mismo o con botellas de Bacardí o Presidente de a trescientos pesos, incluida una tanda de seis refrescos medianos.
De ese enorme ejército de parias, trabajadores a destajo y
asalariados bebedores llamó mi atención el hermético gremio de macheteros, quienes en una jornada de nueve horas
ganan hasta doscientos cincuenta pesos por un total de
entre diez y quince viajes en un diablito alquilado a razón
de quince pesos el día, transportando un promedio de veinticinco kilos de carga en cada acarreo. Algunos ganan más
descargando camiones y sus ingresos pueden llegar a los
mil pesos por día. Gastan por lo menos cuatro horas dia-

veinte meses. Uno de los hijos de Julián, Carlos, se convertiría al inicio del siglo XXI en señor plenipotenciario (podríamos decir virrey) de la ciudad más conflictiva del continente. "Aquí vivo, aquí nací, de aquí soy, es el lugar donde murieron mis padres, viven mis hijos, éste es el país de donde soy. ¿Por qué habría de ir a otro lado?" El socio de Bill Gates confiesa que es *fan* de algunos gurús de las finanzas como el magnate petrolero Jean Paul Getty, nacido en Estados Unidos en 1892, al cual Carlos Slim, de profesión ingeniero civil, descubrió durante su juventud leyendo detallada y frecuentemente *Playboy*. Ni el mismo Getty, fallecido en 1976, sabía a cuánto ascendía su fortuna, pero en su autobiografía *How to be Rich* descubre un código ético tan rígido como para no dejarse intimidar por los secuestradores de su nieto, quienes le enviaron a su castillo en Londres la oreja del niño en un sobre: "Levantarse temprano, trabajar duro y extraer petróleo". Otro de los guías del empresario mexicano es Benjamin Graham, quien aconseja:

> Un empresario busca asesoría profesional en varias facetas de su negocio, pero jamás espera que le digan cómo conseguir beneficios. Existen tres ámbitos donde una persona educada debe conducirse como un descerebrado o un niño: 1. la religión; 2. la bolsa; 3. las matemáticas. En los tres casos no sólo "queda bien" considerarse un perfecto ignorante, sino que incluso es de mala educación discutir.

De Warren Buffett, el tercer hombre más rico de Estados Unidos (alrededor de treinta y seis mil millones de dólares), Slim aprendió que "no vale la pena hacer bien lo que, para empezar, no vale la pena hacer". Getty murió pensando en el futuro como una representación estética. Como legado, fundó en Los Ángeles, California, un museo que lleva su nombre. En el edificio se combinan desde las columnas dóricas, comedidas y simétricas, hasta la expansión vertical infinita del rascacielos, los juegos de agua y luz, la escultura y los recursos multimedia.

Slim es frugal y modesto. "Por gusto, por convicción, no por disciplina." En 1996, ante un grupo de universitarios en la ciudad de México, dirigió un mensaje que, entre otros preceptos, afirmaba que "la fortaleza y el equilibrio emocional están en la vida interior y en evitar aquellos sentimientos que corroen el alma, la envidia, los celos, la soberbia, la lujuria, el egoísmo, la venganza, la avaricia, la pereza y que son venenos que se ingieren poco a poco". En las oficinas de su grupo empresarial Carso se pueden leer inscripciones que bien podrían integrarse al código ético de cualquiera: "Ten mucho cuidado cuando le pidas a alguien su tiempo. Le estás pidiendo la vida, porque su tiempo es vida". El también filántropo, al que se le ha llegado a considerar candidato a la presidencia de México, no tiene sastre ni preferencia por los trajes de firma, trabaja en mangas de camisa, no lleva mancuernillas ni joyas ostentosas y viste habitualmente ropa de sus propios negocios, como Sears. Entre las amistades de uno de los diez hombres más influyentes del mundo y, según la revista *Forbes*, uno de los tres primeros entre los quinientos más ricos, se cuentan la Doña, María Félix (a quien le deseamos sinceramente que por fin descanse en paz), Felipe González, Gabriel García Márquez, Enrique Krauze, George Bush, Fidel Castro, el príncipe Carlos de Inglaterra y Manuel López Obrador. Se inclina por las ciudades con arquitectura histórica y las zonas arqueológicas, además le apasionan las nuevas tecnologías, la cultura, el arte y los deportes. Fuma habanos Cohiba y su comida predilecta es la mexicana. Tacos de cochinita y de canasta, frijoles refritos, tortillas echas a mano, pambazos, tamales, mole, enchiladas, salsas y algunos platillos libaneses (*of course*) como el trigo con garbanzo.

Habría que estar tras el escritorio de Bill Gates o de Carlos Slim para idear lo que *no* se podría hacer juntando sus fortunas. Entre ambas excederían el cincuenta por ciento del producto interno bruto de la tercera parte de los países en desarrollo, algo así como cincuenta naciones.

He aquí un consejo de Carlos Slim para aquellos que quieren hacerse de unos ahorritos: "Los errores y la falta de eficiencia empresarial pueden ser tan perjudiciales como una mala administración pública".

Cualquier anhelo de posteridad exige trascender al furor por lo inmediato y a la obsolescencia que amenaza a las figuras públicas. La memoria colectiva se desvanece y renueva al ritmo del control remoto del televisor. La restauración de los barrios históricos, la culturización de las ciudades, responden a una lógica del vértigo indispensable a los potentados de hoy en día.

"Consolidación, reestructuración, eficientización, modernización e inversión."

Getty legó un museo. Slim, hizo del Centro Histórico su Pigmalión.

Amarillismo de fondo

Se me ocurrió que no estaría mal indagar con los administradores de la delegación Cuauhtémoc acerca de La Merced.

Luego de hojear *El Gráfico*, probablemente el tabloide más barato del mundo (tres pesos), pasé el resto de la mañana rebotando entre negativas, sospechas y respuestas ambiguas antes de llegar con la persona adecuada para aclarar mis dudas. De hecho, su nombre aparecía en una de las notas del periódico, pero no se me ocurrió que llegaría hasta su oficina. Solicité una entrevista, dejé mis datos y sorpresivamente, dos días después, alguien me confirmó por teléfono una cita esa misma semana.

El subsecretario jurídico de la delegación no se siente perseguido ni padece dos vicios que distinguen al *burácrata*: la altanería y el valemadrismo.

Destaca *El Gráfico* a cuatro columnas:

Protegen antros
Impiden amparos el cierre de "giros negros" que operan en la Zona Rosa, Insurgentes, Colonia Doctores y Circunvalación. Operan 14 *table dance* protegidos por la ley.

En realidad no llevo muchas preguntas. Casi todo lo que me interesa está sucintamente detallado en la sección Ciudad de los principales diarios. De todas formas, ya he pasado algunos días como "verificador" en la Merced. Como es costumbre, la hemorragia de necrofilia salpicaba al hojear los periódicos:

RECONOCE JUAN PABLO QUINTANA EN CALCINADO A CÓMPLICE DE MAGAÑA

DESALOJO A PIRATAS: TERMINA EN ENFRENTAMIENTO CON GRANADEROS UN BLOQUEO DE TAXISTAS IRREGULARES EN EL CENTRO; DOS LESIONADOS EN AMBOS BANDOS

CAE POLICÍA SECUESTRADOR. ROBÓ, JUNTO CON OTROS CÓMPLICES QUIENES LOGRARON HUIR, 479 MIL PESOS A UNA MUJER EN LA COLONIA NÁPOLES

AGRESIÓN EN EL MONUMENTO A LA REVOLUCIÓN. UNA MUJER, AL PARECER ENFERMA DE SUS FACULTADES MENTALES, LESIONA A OTRA MUER AL CORTARLE EL ROSTRO CON UNA BOTELLA DE VIDRIO

REINCIDENTES: MÁS CÍNICOS Y AGRESIVOS. SOBORNAN A LAS AUTORIDADES PARA QUE LOS DEJEN LIBRES Y PUEDAN SEGUIR CON SU CARRERA DELICTIVA

MATRIMONIO AGREDIDO EN LA COLONIA AGRÍCOLA ORIENTAL. UN MATRIMONIO FUE EL "CONEJILLO DE INDIAS" DE

UN ADOLESCENTE DE 17 AÑOS QUIEN ERA INSTRUIDO COMO ASALTANTE POR [...] DE 23 AÑOS. ESTE ÚLTIMO NO SÓLO AYUDÓ A DESPOJARLOS DE SUS PERTENENCIAS, ENTRE ELLAS ARGOLLAS, SINO QUE MANOSEÓ A LA MUJER. A PESAR DE SU JUVENTUD EL "MAESTRO" HABÍA ESTADO DOS VECES EN EL RECLUSORIO ORIENTE POR ROBO CALIFICADO Y POR TENTATIVA DE VIOLACIÓN; AÚN ASÍ, SALIÓ LIBRE

PREVEE D.F. CAÍDA DE EMPLEOS

SI SUFRES MAL DE AMORES, NO PUEDES QUEDARTE SIN EL DISCO DE ÉXITOS DE LOS PANCHOS

ROCÍO, LA EX "BIG BROTHER", ESCRIBIRÁ SUS MEMORIAS.

Mientras esperaba en la antesala decidí asumir la personalidad de entrevistador a la Carlos Alazraki para que el funcionario se sintiera cómodo repitiendo lo mismo que les ha dicho a otros reporteros:

–Tenemos registrados en la delegación más de cinco mil establecimientos mercantiles ligados a la hotelería, gastronomía y lugares de esparcimiento. De ellos, ciento dieciocho funcionan como cantinas, hay doce cabarets, seiscientos un hoteles, sesenta y un cines, cinco centros de espectáculos, catorce discotecas, cuarenta teatros, noventa y ocho salones de fiesta, cuarenta y siete vinaterías, cerca de mil setecientos restaurantes-bar.

Poco después, me regala una hoja fotocopiada con los mismos datos. En todo momento es amable. La oficina es amplia y no hay indicios de que esté acondicionada para una larga permanencia. Los cuadros de ilustres priístas, tan comunes en administraciones anteriores, han sido reemplazados por los de ilustres perredistas. La joven asistente del funcionario está presente en la charla, atenta de que nada se atore y de que las palabras de su jefe queden registradas puntualmente en su propia grabadora.

Específicamente me interesan los giros negros de la Merced. La parte correspondiente al Centro Histórico.

–Uy, mire, tenemos un pleito casado con ellos.

En este momento la gripe del funcionario parece arreciar y sonoros resoplidos de nariz interrumpen la conversación.

Escucho pacientemente un largo y detallado resumen sobre la historia comercial del barrio. Nunca está demás enterarse de que existen funcionarios titulados en Historia. Es un liberal de la vieja guardia, un juarista, por decirlo de algún modo. Accede a comentar lo que piensa de las piqueras y sus "asaltos en mesa". Clausuras, desalojos, arduas negociaciones y acuerdos con comités vecinales y arrendadores. Faltas administrativas, violaciones a la Ley Federal del Trabajo, deslindes. Logros –aquí el funcionario me concede la "casi exclusiva":

–La delegación está a punto de firmar un convenio con el Seguro Social para regularizar los establecimientos gastronómicos en el sentido de que paguen cuotas, porque es en este ramo donde encontramos la mayor explotación del trabajador en el D.F.

La bolita va de un lado a otro, vertiginosa, inatrapable al entrevistador, perversamente obstinado en ayudar a salir adelante a su entrevistado.

—Ubicados en la zona de Circunvalación, San Pablo, Izazaga y Fray Servando, incluyendo el callejón de Manzanares, el 1 y el 2; son veintisiete los establecimientos sobre los que hemos ejercido verificaciones, clausuras y reposiciones de sellos. Pero más allá de las buenas intenciones, requerimos de más verificadores, pues tan sólo en la delegación, de un equipo de treinta y tres elementos sólo operan veintiséis, pues muchos no soportan el ritmo de trabajo, se van y ya no son remplazados por la Oficialía Mayor. Clausuras, sanciones y revocaciones generaron en multas durante el mes de enero de 2003, 448 mil 610 pesos.

De pronto reconozco que no tengo por qué quitarle el tiempo al funcionario. Me diagnostico los síntomas de una enfermedad cuasi crónica: presión baja, lengua pegada al paladar y angustia. Cruda. Los datos obtenidos no me sirven de mucho para curármela en alguno de los negocios de "alto impacto", llamados así por los funcionarios delegacionales. Agradezco la entrevista. En los pasillos de la delegación la asistente pide mis datos y algo que hasta ese momento no había tenido necesidad de aclarar, incluso a mí mismo: dónde aparecerá el reportaje. Híjole. *Hustler*. La edición francesa de aniversario; *mais, oui madame*. Posiblemente maneje dos versiones, ejem ejem, la otra sería para una revista de moda.

Bajo corriendo las escaleras directo a la explanada delegacional. Sólo quince minutos más y estaré en la calle de Nahuatlato, hoy conocida como República de El Salvador. El calor es insoportable.

Mejor llámale al FBI

En abril de 2005 uno de mis hermanos fue asaltado en Donceles, a media calle del edificio del Senado de la República. "Tamayo" es funcionario de gobierno y entre semana acorta su horario de comida para comprar y vender cháncharas. Tiene larga experiencia en este pasatiempo. Gracias a ello conoce bien la ciudad y sus tianguis de fierros. Desde su oficina cercana al cruce de Reforma con Insurgentes camina en mangas de camisa hasta al Zócalo y de regreso, para recorrer casas de empeño y negocios de equipos usados. Tiene un gesto arisco lleno de vida. Mide un metro ochenta y cinco, pesa alrededor de cien kilos y viste con estilo ligeramente norteño; en la calle suele usar lentes oscuros y ostenta su legado tapatío cuando apoya a las Chivas.

Ha cumplido siete años sin probar una copa luego de una borrachera que terminó en la sala de urgencias de un hospital del Seguro. Después de doce horas en observación, salió a toda prisa por el pasillo. Una enfermera y un médico de guardia discutían con él. Llevaba puesta la bata de enfermo, sandalias, y le colgaba pinchada del brazo la manguera de transfusión de suero. Vámonos, este lugar deprime, dijo indignado mientras lo seguían boquiabiertos rumbo a la calle su familia y otros de mis hermanos.

Su sobrenombre le viene desde niño por Humberto G. Tamayo, verboso y exagerado locutor con timbre de merolico, que durante las décadas de los cincuenta y sesenta se hizo famoso anunciando en radio "LechesantaBárrrbara, leche qué barrrbaraqueleche, lecheSantabárrrrrbara" y presentando en horario nocturno de televisión el serial "El FBIiiii en acciónnnn".

Aunque a primera vista tiene pinta de agente de la policía, Tamayo es un sibarita bonachón y amiguero, pero tiene la vieja costumbre de defenderse de agresiones y de establecer jerarquías según la edad, el trato y la complexión física de la gente. Un mocoso enteco y desaliñado no le provocó ningún temor, aun con tatuajes y charrasca. Ha visto demasiados como ése con los años. En el barrio donde vive, abundan; algunos son sus vecinos y lo aprecian. Quizá por eso se encaminó confiado por Donceles.

No se me ocurrió preguntarle si traía puestos sus lentes oscuros aquel caluroso jueves a las tres de la tarde. Tampoco le pregunté si se ha fijado en la edad promedio y "modus operandi" de muchos de los rateros que operan en la ciudad.

Tamayo reaccionó al descubrir el arma oculta en el antebrazo. Tuvo la "ocurrencia" de soltar un golpe en la cara del asaltante luego de que éste lo abordara bajo el pretexto de confundirlo con un viejo conocido. Qué onda, güero, ¿ya no se acuerda de mí? Poco faltó para que la cabeza terminara en una de las tantas zanjas abiertas por las remodelaciones al Centro Histórico. Tamayo estaba encajonado entre la alambrada que impedía el paso a las obras y la cortina metálica de un negocio abandonado. Los trabajadores y los escasos peatones parecían gravitar a lo lejos, guarecidos del sol y el polvo en la acera contraria, como si el área ocupada por mi hermano y su agresor fuera parte de una dimensión desconocida. A sólo cinco metros había una brecha para cruzar hacia la calle de Marconi, pero para llegar ahí había que vérselas de nuevo con el asaltante quien sangrando de la cara ya se incorporaba decidido a contraatacar.

Al mismo tiempo, detrás de Tamayo aparecieron otros dos sujetos jóvenes con puntas afiladas. Lo sometieron entre los tres y después de despojarlo de doscientos pesos, la cartera de piel de cordero y un reloj chino, el primer asaltante se desquitó haciéndole una herida superficial que abarcó media espalda.

Le arrojaron a la zanja su tarjeta de débito y la credencial de elector. Chiflando y corriendo, huyeron por Calle del 57, donde por cierto se ubica el Puesto de Mando de Seguridad del Centro Histórico. Luego de vadear la alambrada para recoger sus plásticos, Tamayo regresó sus pasos hacia el Eje Central para bajarse el coraje entripado convenciéndose de su buena suerte, pues aún no había ido a cobrar una deuda por la venta de tres relojes a un "coyote", viejo comprador suyo en la calle de Palma.

Llegó a Tacuba en busca de un bolero. Quería por lo menos limpiar sus botas de tierra antes de regresar al trabajo. Se sentía confundido entre el tumulto, de donde asomaban rostros azorados al toparse con un energúmeno que se abría paso mirándolos como a presuntos sospechosos en un separo a cielo abierto.

Ahí van Tamayo y sus recuerdos en blanco y negro. Al igual que nuestro hermano mayor, Pedro, pasa las tardes caminando de la mano de mujeres muy pintadas, robustas y en tacones. En cuanto las busconas agarran "novio" premian a sus acompañantes con un tostón para cada uno. Haciéndolos pasar por sus hijos confunden a las "julias" que levantan suripantas en Rivero y Toltecas, en mero Tepito. Ellos confían en que los vecinos no irán con el chisme y evitarán meterse en problemas.

Han visto a su amigo "Cheque", que apenas cumplió dieciséis años, entenderse con algunas de esas señoras para entrar a los cuartos de una vecindad cercana. Cheque les ha contado generalidades de lo que ellos intuyen y les promete que cuando crezcan otro poco, él mismo les ayudará a descubrir lo que ocurre dentro de esos cuartuchos malolientes y muy visitados. Les da risa que Cheque haga todo mal: paga por lo que ellos cobran.

Al igual que Pedro, ese otoño de 1959 Tamayo cursará el turno vespertino del primer año en la única primaria de la zona, cerca del gimnasio La Gloria, en avenida del Trabajo y Granada, la calle donde tres años después, en el 114 interior 15 de una vecindad, nacería su penúltimo hermano, al que con el tiempo le daría por viajar y escribir. Pedro ha tenido que esperar dos años porque no hay lugares suficientes en la escuela. No le preocupa, ya sabe sumar, restar y leer de corrido, le enseñaron sus hermanas, y sabe que la escuela será más fácil que seguir ocultando a su madre cómo consigue dinero y su precoz atractivo con las mujeres.

Son los únicos niños en su calle que trabajan durante la mañana tirando la basura de los vecinos, talleres y comercios mientras llegan las señoras que pagan por su compañía. No les da miedo viajar de "mosquita" en tranvías y camiones repartidores. En su vecindad los quieren por acomedidos y porque saben ganarse unos centavos que comparten con su madre, siempre y cuando les quede algo para dulces o alquilar bicicletas. Son amigos de zapateros, peleteros, relojeros y de joyeros como su padre. Traen el pelo a rape para evitar el contagio de piojos, visten camisas de popelina, pantalón corto de peto y botines de agujeta remendados por el padrino de Tamayo, un zapatero en cuyo taller al lado de la vecindad de Granada aquel pasó sus primeros años meciéndose en una pequeña hamaca mientras aprendía a correr y a hacer mandados. A las afueras de ese mismo taller, Tamayo presenció alguna vez cómo sangraba de la cara un sujeto que intentó huir con las ganancias del día. El padrino de mi hermano lo sometió a golpes luego de arrebatarle una "charrasca". El ratero tuvo suerte: la policía llegó antes de que los vecinos lo lincharan.

De pronto, mientras cruzaba el Eje Central, el dolor hizo que Tamayo se llevara una mano a la espalda: se dio cuenta de que lo que creía sudor tras la camisa rasgada, era sangre. Fue a un cajero automático, extrajo sus últimos quinientos

pia, convertido en plaza comercial de chácharas y equipos de cómputo, que por cierto han disparado su demanda gracias, en buena medida, a la proliferación de cedés pornográficos interactivos y de portales xxx en internet.

Podría ser que el barroco mexicano sentara los antecedentes lejanos del gusto popular por las películas porno. Aquel representaba un erotismo sublimado cuyo propósito era penetrar en el imaginario de los fieles para guiarlos hacia una exaltación litúrgica abundante de vírgenes sensuales. El ardor devocional se manifestaba gracias al hiperrealismo con que era presentada la iconografía celestial. A la expulsión de los jesuitas, encumbradores del barroco mexicano, siguieron las ideas de la Ilustración, que afrancesaron las artes y la cultura e impusieron la rigidez de la piedra monumental gris en un país cuyas estructuras culturales y económicas rápidamente desecaron su subsuelo.

La vagancia libera pensamientos aviesos, por lo que desde ya aventuro una propuesta al patronato de recuperación del Centro Histórico: convertir el Savoy en un pornódromo con museo y tienda de regalos. Esta idea me llevó al número 6 de la calle 16 de Septiembre, casi frente al ex cine Olimpia. No lo hacía desde los tiempos de Edwige Fenech y Gloria Guida, allá a finales de los años setenta, cuando los adolescentes como yo recibíamos trato de adultos. Por veintidós pesos, el programa ofrece de las once de la mañana a las nueve de la noche funciones corridas de *Años insaciables*, *Viagra cadabra*, *Sueños húmedos de colegialas* y *Viudas fogosas*, entre otros títulos que duran en pantalla lo que una eyaculación precoz. Cada jueves hay dos estrenos y los viernes incluye "funciones gays". El Savoy sobrevive desde 1943 en el pasaje Wong, a unos metros del Eje Central. Es producto de la proliferación en esos años de la influencia europea que pretendía ampliar sobre andadores techados del centro de la ciudad, los comercios de la zona. Su construcción antecedió a lo que décadas después sería otra de las confusiones entre lo grandioso y lo grandote: centros comerciales con multisalas estilo casino. Ahora, el Savoy reúne a cierta clase de proscritos y permanece como una de las contadas opciones de cine XXX en una ruta serpenteada que va de Anillo de Circunvalación a Garibaldi. El cine Teresa, otro clásico del género ubicado en el Eje Central, a cuatro calles al sur del Savoy, exhibe esporádicamente películas familiares en lo que retoma su oferta de lujuria *self service*.

No hay otra zona en la ciudad que solape tantos entretenimientos y comercios para adultos. El Savoy es un nicho donde los devotos completan su peregrinaje visitando antes o después de la función una *sex shop* frente a la taquilla. A la entrada y en el vestíbulo se exhiben carteles de modelos rubias con los genitales y pezones censurados por estrellas. Estas beldades no protagonizan las películas anunciadas. El puritanismo reprime a un público radical, urgido de purgar sus desdichas de mirón de aparadores. Theodor Adorno afirmaba con justeza que la tolerancia en materia de moral sexual es sólo ficción. Así lo confirman los avisos junto a la taquilla y en las vitrinas, previniendo efusividades espontáneas: "Queda estrictamente prohibida la introducción de bebidas embriagantes", "Se prohíben dentro de la sala actos que atenten contra la moral. Las personas que sean sorprendidas serán consignadas a las autoridades".

El Savoy es peculiar desde su diseño de abanico fraccionado de tal manera que facilite el control de la asistencia. La dulcería frente a los baños del *lobby* es atendida por mujeres que presumen descomunales dientes de oro mientras chismean y despachan.

—... sí, tú, cómo no.

—En serio, manita, el sábado voy a salir con aquel. Ai te hablan... Ya se acabaron las palomitas, háblale a Agustín pa que traiga más.

—... que llega mi cuñada y yo que le digo: "Me pagas lo del cuarto o se van los dos".

—¿Pus no que ya se lo habías dicho?

—¿Qué no te conté?

Una función porno no está completa si uno no siente que la adrenalina viaja por el cuerpo como aviso de un riesgo inminente. La inconfundible emoción que acompaña cualquier pasatiempo furtivo. Compré un refresco de lata y realicé profundos ejercicios respiratorios antes de entrar a la sala de abajo, espaciosa. Los acomodadores toleran que uno permanezca de pie mientras se anima a encontrar lugar en las butacas. La continua apertura de las puertas de acceso desparrama luz fantasmal que hace evidente el nomadismo de ciertos espectadores, que durante las tomas cerradas se transforman en un caleidoscopio oscuro de cuerpos encorvados y sin sombra. En el ala izquierda hay una sección VIP, separada del resto por una gruesa cadena de plástico. Estaba vacía al momento de mi ingreso. Poco después un acomodador con lámpara guió a una obesa pareja heterosexual a la zona exclusiva. De pasada el fulano me ordenó tomar asiento. Lo ignoré recorriendo los pasillos.

La pantalla proyectaba un video casero protagonizado por un tipo de mostacho, medio calvo con mechones rizados, y una mujer fláccida con una cicatriz en la barriga y un corazón tatuado en el tobillo izquierdo. Quedarse quieto en los andadores junto a los muros es una señal para que de inmediato alguien se acerque por detrás en espera de que el otro tome asiento. La vigilancia impide hacer en los baños lo que se hace discretamente en las butacas. A los masturbadores compulsivos los delata su soledad rinconera en las orillas y al frente. Con un suéter sobre las piernas y las manos ocupadas bajo éste no pierden de vista la pantalla.

En la sala a una cuarta parte de su capacidad, los rostros parecen imitar la inexpresividad del semental, tan apropiada a su empuje sin vigor mientras de reojo, al igual que la tipa tendida boca arriba en la cama con las piernas enganchadas en los hombros de él, se mantiene pendiente de las indicaciones del director, que repite fuera de cámara con acento germano: "Gut, very nais". Hay fulanos sentados dando la espalda a la proyección, al parecer en busca de alguien. Mientras camino bajo la pantalla, algunos de ellos voltean para hacerme insinuaciones con gestos, ademanes y besitos lanzados con la mano como si de pronto los pudiera reconocer en la penumbra antes de fundirnos a arrumacos. Tomo un asiento en la orilla del corredor principal, delante del VIP, e ignoro el acoso de los donjuanes en los

algún momento la música de fondo, responsable de dar esa ambientación absurda, de liturgia vodevilesca, no tarda en ser "homenajeada" y reciclada por algún *nerd* de vanguardia.

Poco antes del final de la última función, la sala comenzó a vaciarse y aproveché para salir huyendo en bola antes de que las luces me sorprendieran con el gesto tan embotado como el de los demás, pero por la posibilidad nada remota de defender mi honor a golpes con alguno de los que en todo ese tiempo pasaron de la insinuación a la petición directa de actuar en vivo una de las secuencias, que desde la mañana se repiten en el Savoy en función continua.

Cabe decir que su programación desde la película inaugural *La dama del burlesque*, hace ya sesenta y siete años, hasta hoy, ha mantenido su convocatoria de sexualidad anónima.

Parranda inspirada en Li Po

El generador de descargas eléctricas, artesanal y vistoso, iba a tono con La Bahía de Tangolunda, uno de los nombres provisionales de este antro de la calle de San Pablo, en la Merced. El operador de los "toques", de mostacho y piel escamosa, parecía un emisario de ultratumba en funciones de edecán. Le colgaba del cuello una cinta de cuero adornada con estoperoles que sostenía, por los costados, al artefacto blanco de madera del tamaño y dimensiones de una caja de zapatos, cubierto a la mitad por una tapa con lucecillas rojas y amarillas intermitentes, un medidor de voltaje trazado a mano con marcador negro, la perilla dorada del regulador y una flecha de aluminio. La parte descubierta era un compartimiento para cigarrillos de a peso, encendedores desechables, Alkaseltzers y pastillas para el aliento. Tal vez para proteger al operador de una chamuscada, los asideros metálicos de la corriente pendían enchufados a dos cables muy largos.

Nos hicieron una oferta que no pudimos rechazar: cuarenta pesos por los cuatro: dos cargadores, el chofer de Peluches Santísima, y yo. La mayoría de las mesas estaban vacías. Mujeres maduras y jóvenes, en su mayoría regordetas y en minifalda, entraban y salían del antro, indiferentes a la escasa clientela, casi toda compuesta por trabajadores de la zona, según información de mis acompañantes. El resto de los sujetos sentados en parejas o solos alrededor de la pista de baile, tenían pinta de dedicarse a alguno de los oficios nebulosos que dan mala fama a esa zona al sureste del Centro Histórico de la ciudad de México.

El chofer presumía el récord de voltaje: cien, y nos retaba a siquiera igualarlo. En el regateo descubrimos que nuestro presupuesto no contemplaba la prueba de resistencia basada en los principios con los que Thomas Alva Edison inventara la silla eléctrica.

—Éntrenlen, ¿no que muy aguantadores? —nos azuzó el verdugo con la actitud socarrona propia de los tracaleros, señalando las botellas de cerveza vacías acumuladas en la mesa.

—Pus sí, pero bájate tantito.

—Al voltaje, cuando ya no puedan. Se los estoy dejando bara, no sean chillones.

Con el orgullo acalambrado reunimos la tarifa y uno a uno tomamos turno. Fui el último y pude anticipar lo que me esperaba. Los brazos retorcidos como alones de pollo. El rostro y el cuello contraídos hasta el ridículo explican el atractivo del electrocutamiento voluntario: la mueca convulsa detona las carcajadas en los mirones y el atrevimiento masoquista del valentón. Para cuando el suplicio llegaba a su fin, apenas y podíamos balbucear: "¡Ya, ya, yayyy!"

El verdugo prolongó algunos segundos mi turno mientras "verificaba" el puntaje.

—Fue su pilón mi joven, pa que no se le suban las chelas —dijo con benignidad en lo que me devolvía mi cambio.

El chofer y yo quedamos empatados en noventa, los cargadores se rindieron en setenta. Inconformes con el conteo, de todos modos pagaron espontáneamente una ronda de cubas.

Fuimos la variedad de las demás mesas y de la barra al fondo del desanimado saloncito, hasta que el estridente sonido grupero de la rocola desvió la atención general a un parroquiano a medios chiles, que casi a la fuerza sacó a bailar a una piruja rezongona en su camino a la salida. El antro tomó dimensiones alucinantes: murales fosforescentes de mujeres voluptuosas en bikini recostadas en una jungla de tigres y leones, luz negra sobre cartulinas rotuladas con faltas de ortografía ofreciendo "promosiones" de seis refrescos y una botella de Bacardí o Presidente por trescientos pesos, y "cubetazos" de "seis cervezas por cincuenta".

—Aistá, ¿no que muy mamado? Este güey aguantó más y eso que está bien ñango —señalándome con el pulgar, el chofer le increpaba burlón al más fornido de los cargadores, que presumía sus bíceps con una camiseta sin mangas.

El aludido chasqueó la boca y rezongó:

—Una grapa te pone más chido.

—Yo no lentro a esa madre —contestó de inmediato el chofer volteando a la pista.

Luego de un breve silencio, en el mismo orden de competencia visitamos de uno en uno el mingitorio. A solas, entre paredes que parecían tapizadas con cáscaras de plátano maduro, me revisé a detalle las órbitas rojizas en un espejo gargajeado en lo que me recuperaba del hormigueo en los brazos, tan agarrotados como los de un machetero luego de una larga jornada. Frente a mí comparecía un fulano greñudo y pálido. Calculábamos si con nuestros últimos doscientos cincuenta pesos nos alcanzaría para la cuenta y tomar un taxi a casa. Equivalía a casi tres días de salario de los cargadores.

El tipo reflejado en el espejo me advirtió:

Oye, hace tiempo que dejaste de ser un asalariado borracho. Ahora eres un escritor borracho, indisciplinado e imprudente. Y si te crees muy listo, más vale que le bajes de huevos porque afuera hay unos veinte fulanos poco amigables, incluidos tus cuates, y a todos ellos se les ven ganas de echar bronca.

No me gusta que nadie se atreva a decirme quién soy, le recordé.

Eso me corresponde sólo a mí. No soy nadie que yo no quiera, aunque lo diga mi credencial de elector, al cabo que yo ni voto. Y si alguien se atreve a increparme, me transformo en un cínico exasperante y vulgar. Todo lo que otros opinen de mí: familia, amigos, mujeres o extraños están equivocados porque de inmediato me encargo de ser lo contrario. Nadie conoce mejor que yo el infierno que habito. En este momento sólo comienzo a sentir ansiedad y no sé exactamente de qué, concluí airado y regresé a mi mesa luego de echar una meada.

Los clientes y empleados de un antro conocen todas las formas de abuso de autoridad y la manera de burlarla. Lo

malo es que su conocimiento sólo abarca el lado del per-
dedor. Entre todos rige una complicidad de apostadores.
En un antro, cualquiera que sea, se viven y celebran las
hazañas adulteradas de héroes estafados.

No podría considerarme parte de una clase social que ha
evolucionado gracias a sus estudios y preparación en la vida,
pues no puedo afrontar cabalmente responsabilidades de
ningún tipo. Tengo un pacto de afinidad con el derrotismo
para quedarme donde estoy, pese a que en momentos importantes de mi vida hice un esfuerzo supremo por superarme. Y no dudo que quienes me rodean ahora pasen por
lo mismo. La única ley no escrita que respeto fiel es la im-
plantada por los gobiernos de este país, que impide a su
pueblo crecer en lo económico, lo intelectual y depurar sus
gustos. A cambio, nos apapacha tolerando la existencia –por
otra parte vergonzosa, inaceptable de acuerdo a los ideales
cívicos– de purgatorios como La Bahía de Tangolunda, que
permite a los presupuestos más castigados sobrellevar el
destino.

En un tapanco arriba de la entrada, un solitario tecla-
dista interpretaba en su piano eléctrico un popurrí tropical.
La pista se ambientó con dos parejas que no paraban de
voltear a las mesas. Sin otra cosa mejor qué hacer que en-
corvarnos frente a nuestras bebidas, parecíamos resignados
a la escasez de mujeres. Por algún motivo éstas preferían el
frío de la calle y se asomaban de vez en cuando al salón antes de ir a la barra a platicar con el barman y salir de nuevo.
Luego del tanteo, concluían que no era el mejor momento
para talonear ese miércoles a las tres de la mañana.

Mis acompañantes acordaron partir y al ir tras ellos agradecí que me recordaran lo que significa el sentido común, que no es otra cosa que el resultado de una ecuación entre el miedo y el salto al vacío, faltaban unas horas para que comenzara su jornada de trabajo y tenían que llegar primero a dormir un rato a sus domicilios en la Morelos y Neza.

Dos Naciones travestidas

La noche del viernes siguiente, a eso de las once, fui al café Loop en la Nueva Santa María. Durante la tarde había recorrido cantinas y cervecerías de La Merced con el pretexto de escribir un reportaje. Bebí lo suficiente como para dudar de los parámetros del alcoholímetro y pasar por alto la sordidez del metro en sus últimas corridas. En el metro Pino Suárez subieron turistas extranjeros en bermudas, sandalias y mochila al hombro entre gente pobre y muy pobre traqueteada y nerviosa por pescar cuanto antes, otro transporte al norte de la ciudad o al Estado de México en la terminal de Tacuba.

Bajé en la estación Normal. El microbús tardó tanto en partir de la base, que pude apearme para buscar un rincón oscuro en la calle, echar una meada y regresar aliviado a mi asiento, sobre todo porque aún disponía de un largo trecho de la noche tibia para seguir bebiendo. *Alzando la copa, convido a la luna/ Con mi sombra, somos tres*, diría Li Po.

La contaminación me picaba la nariz e inhalar aire envenenado me sumió en un sopor melancólico a tono con la penumbra en el microbús y la resignación de los pasajeros. La indolencia desafiante del chofer era más notoria a esas horas cuando uno desea pasar inadvertido. No me imaginaba que el café a donde me dirigía iba a ser clausurado la semana siguiente, debido a la inquina de un comité de buena conciencia vecinal panista que, bajo pretexto de daños morales, acusó a los propietarios de ¡fomentar la pornografía en la colonia! Brincos dieran los quejosos y la clientela del Loop.

Al llegar, encontré desocupado un asiento en la barra y ya no me moví. Mi propósito era eludir en lo posible a esa multitudinaria comuna "contracultural", que ya borracha amenazaba con poner en la picota a quien se dejara.

Poco después de las dos de la mañana, los anfitriones nos dieron un aventón al centro a los últimos briagos de la noche: Arturo García, un librero cuyo prestigio está al nivel despeñado de sus amigos escritores, un tocayo suyo y yo. Durante el trayecto sólo cruzamos monosílabos a la vista de patrullas, niños de la calle pendencieros y calles repletas de basura y armazones de puestos ambulantes. Al llegar a Sullivan una larga hilera de vehículos obstruía la circulación desfilando lentamente ante la oferta de prostitutas que se aguantaban el frío y el tedio en la banqueta.

Nos bajaron en Reforma, en el cruce con Insurgentes. Ahí nos envalentonamos para abordar un taxi en dirección al Dos Naciones, en Bolívar. El flujo de la borrachera me permitía ir a la deriva en una ciudad que parece trazada por dinamiteros.

Ahí estaba de nuevo el antro como asidero infalible. En el segundo piso alfombrado fuimos atendidos con la amabilidad que distingue a los embaucadores profesionales. Olía a cava de resentimientos y melancolías añejadas bajo iluminación engañosa y cortinas blindadas contra el paso de las horas.

En la pista, un sujeto bailaba con una fichera que además atendía las mesas. ¿Qué podía haber de extraño en el desparpajo del bailarín? No era su pierna izquierda nivelada con la gruesa suela del zapato ortopédico. Ya estaba: su actitud de prócer, su dignidad impostada mientras se zangoloteaba restregándonos su cojera. Había otras dos parejas cerca de él. De pronto el tullido perdió el equilibrio y cayó de bruces sin meter las manos. *Oye capullo, el sorullo es el único tuyo*, una vocalista a mis espaldas repetía el estribillo al fondo. Yo trataba de hilar una charla con mis comparsas a pesar del estruendo reverberante de la orquesta.

Sin dejar de mirar su bebida, el tocayo del librero se prevenía a sí mismo de los efectos de una borrachera que amenazaba con derrumbar su sensatez. Mientras, el librero apuraba sus vodka *tonic* como si fueran una pócima que lo inmunizaba al desgaste de la parranda, cotorreaba a las meseras y sus bromas ganaban terreno con las manos en una zona donde cintura y cadera se perdían entre la grasa. En la pista la pareja del cojo lo ayuda a levantarse y éste una vez de pie, se va a empujones contra los demás bailarines. Prefiero no ahondar en los detalles del alboroto momentáneo, pues mis apreciaciones se ahogaban en confusión, absurdos y sonsonetes de cumbia.

Al cabo de un rato el orgulloso bailarín se emborrachaba desafiante en su mesa, aferrado de la mano que lo había levantado del piso. Pagamos el consumo y salimos despidiéndonos de todo mundo con la cordialidad marrullera de políticos favorecidos por las encuestas. El librero propuso ir a comprar cerveza y seguirla en casa de su tocayo, que vivía a unas calles. De camino, un sujeto que repartía volantes de un antro en Garibaldi nos dijo que en Perú y el Eje Central encontraríamos una miscelánea abierta.

Fuimos a dar al famoso 33. Ah, chingá, ¿y ora? Pos ya estamos aquí. Entramos. Estaba repleto al tope. Encorvados en la barra como vaqueros que llegan a pueblo extraño, bebimos cerveza Sol en envases de medio litro. El escándalo me aturdía y decidí enfrentar al espejo tras las repisas de las botellas en lugar de a la diminuta pista a mis espaldas donde fulanos vestidos como chambelanes bailaban de cachetito. La jotería relajienta parecía un delirio dentro de un laberinto de espejos. Apenas y era consciente de que mi embriaguez sin duda sobrepasaba la escala más alta de un alcoholímetro.

El librero comenzó a platicar con una mujerona de pelo teñido de rubio y minifalda sentada en una mesita junto a la barra. Parecía traer bajo la blusa de licra un salvavidas a medio inflar. De todas partes nos enviaban miradas curiosas, hurañas o de ligue.

—Acaba tu cerveza y vámonos. Sobramos aquí —dije al tocayo, creyendo que en verdad era así y no al contrario. Me hubiera gustado traer muchas copas menos para evaluar si resistiría la amanecida. Comprendí que estaba en un punto divergente de apreciación respecto a mis acompañantes: "¡Pérate cabrón! ¿Qué prisa tienes?" Ellos estaban a la mitad de un camino que yo había recorrido durante dos meses seguidos, según yo, para escribir una historia por encargo con "un enfoque diferente" sobre la Merced.

Por lo pronto, en unas butaquitas posaban dos sujetos con voz lijosa disfrazados de Thalía y Paulina Rubio. Eso sólo es posible aquí, pensé, pues las de a de veras no se tragan. Se hacían acompañar de sus galanes con gesto adusto vestidos como maestros de aerobics. En ese local apacible y poco concurrido durante el día, en las mesas abundaban los cigarros mentolados y botellas de licores.

Lo que divertía a los tocayos atornillados en la barra, a mí me tenía hasta el gorro. Seguía bebiendo un coctel de borracheras acumuladas en un lugar que me parecía el mismo, sólo que travestido. Sabía a El África, La Peninsular, La Bahía de Tangolunda, La Reina de San Pablo, La Muñeca, la trastienda de las misceláneas La Tía y La Unión, al callejón de Santo Tomás y la calle de Roldán con escalas en el Loop y el Dos Naciones.

No quería más cerveza aguada e insípida que se me atragantaba. Quería mi cama, oxigenarme y dormir confiando en que al despertar podría reconciliarme con el futuro. Quizás hablando por teléfono de larga distancia y enterarme que la vida me guardaba un lugar en otra parte. Me sentía como si tuviera una deuda impagable con una piquera "de culto" entre gente que nadie que yo conozca desearía estar en sus zapatos.

No sé en qué momento salí a la calle a buscar un teléfono. Un teléfono orinado en una esquina repleta de indigentes, mariachis, coches en doble fila y sujetos con pinta sospechosa. Marqué a mi domicilio para escuchar mi voz en la contestadora. Confirmé que yo vivía ahí.

Caminé unas calles sobre el Eje Central y tomé un taxi. Bastaba con mantenerme despierto durante el largo trayecto al sureste y preparar mentalmente el reposo. Li Po: *La vida es un largo sueño/ ¿Para qué abrumarla con fatigas?/ Por eso, todo el día estoy ebrio.* Iba dejando atrás los sobresaltos y lagunas de mis "días sin huella". El taxi avanzaba por los ejes viales a velocidad más allá de mi miedo a un asalto o a estrellarnos en cualquier momento. Cauteloso, el chofer vigilaba por el retrovisor que no me quedara dormido. "¿Y ora para dónde, joven?"

Había muchos perros callejeros caminando solitarios. Peatones arropados como si nevara esperando los primeros transportes del día. Calles y avenidas parecían caños alumbrados con halógeno. Al bajar del taxi lo primero que vi fue una pareja de ancianos haciendo ejercicios aeróbicos mientras caminaban por el camellón del periférico. Pasaron de largo a un tipo embutido en un traje de lona acolchonado que entrenaba a un perro de ataque.

Busqué mis llaves en el bolsillo del pantalón en lo que trataba de distinguir las tonalidades del cielo: las azules y grises me recordaban los atardeceres en La Merced, las demás parecían pruebas de orina.

Mi padre decía que al borracho se le conoce por la forma en que duerme la mona. Tenía una clasificación empírica con alto grado de exactitud que me ha sido muy útil con los años. A los que terminan reclinados sobre la mesa con la cabeza reposando en los antebrazos, los llamaba "relojeros". Son muy dados a oír la misma canción una y otra vez antes de desfallecer vencidos por su búsqueda infructuosa del tiempo perdido. No soportan estar solos, pero no se sienten a gusto con nadie.

Quienes terminan con las piernas bien abiertas, los brazos laxos y la cabeza echada hacia atrás son los "golosos". Babean y dejan los ojos a medio cerrar. Más que su imprudencia y voracidad, los dobla la presión ejercida por bebedores más resistentes.

Si terminan tirados en la calle sea bajo algún zaguán, poste o banca, son los "justos". Su posición es de total entrega a un sueño profundo y aparentemente revitalizador, medio encogidos y utilizando el brazo como almohada. Aun a aquellos que gustan beber en casa (es más fácil alcanzar la cama o el sofá) mi padre se refería a quienes aceptan la vida como viene y están siempre dispuestos a ponérsela de nuevo sin pensar en las consecuencias. La cruda moral no es un factor de peso al momento de decidir si aceptan un trago o lo invitan. Esta última posición tiene múltiples variantes siempre en descenso en la escala de méritos: boca abajo, boca arriba, encogidos o apoyándose en muros y zaguanes.

A mi padre nunca lo vi en otra posición que en la del "justo", pero en su cama. Su aguante le permitía terminar sus parrandas sin tropiezos que lamentar. Yo he intentado inútilmente seguir su ejemplo. Vivir y beber sin perder la vertical. Pero quizás ése sea el atractivo de los excesos: que uno nunca termina de encontrar su lugar al final de la noche.

¿Había cumplido con mi encargo? Sólo a medias. Una ciudad cada vez más fraccionada por sus peligros y contradicciones me hace pensar que la apuesta por lo kitsch y "la noche" disimula un desdén por lo popular si no es "divertido" o "excitante". Una perspectiva a la Calvino en *Las ciudades invisibles,* por nombrar un libro canónico en estos menesteres, tendría que ignorar la repelente fealdad de las barriadas y la crueldad taciturna de sus tugurios, antros, piqueras y demás centros de diversión que, por otra parte, poco tienen de impredecibles. La forma siempre por encima del fondo. De ahí también la avidez de jerarquizar la ciudad desde las colonias de moda convertidas en epicentros del desenfado literario *after hours.*

Retablo de un barrio "chinero"

Peluches Santísima es una de las pocas tiendas de su tipo en el país. Ubicada desde 1977 en la calle de Jesús María, en La Merced, provoca una sensación onírica y por momentos alucinante. Supongamos que a la entrada coinciden Lewis Caroll, Walt Disney y John Waters. Los tres estarían al borde del colapso al toparse con enormes rollos de telas multicolores que se apilan a ambos lados de un galerón de intensa luz blanca. Abundan la velboa, el *velour* y la dubetina. Como silenciosos vigilantes del ajetreo, querubines de goma desmembrados, felices y chapeados y una galería continuamente renovada de animales humanizados, peludos y estrafalarios, cuelgan de lo alto de esa nave ancestral, en el escaparate de la entrada y en las repisas del fondo. Todo ello traspasa la realidad al sueño, como si fuera una manifestación de rebeldía a aceptar el mundo tal cual es, aunque medie el aroma a fritanga de la fonda que divide por la fachada y une por los traspatios a Peluches Santísima de su competidor vecino. Felpas de leopardo, cebra, jaguar y vaca, torsos y extremidades de bebés rollizos, ojos saltones y vivaces, y caritas chapeadas de roedores con enormes pestañas rizadas parecen atentos a que uno de los tantos conejos que rondan las calles "haga el dos de bastos" para extraer carteras de bolsillos ajenos.

Los clientes, entre doscientos y quinientos al día de lunes a sábado según la temporada, son en su mayoría amas de casa con ganas de iniciar su propio changarro y ahí mismo toman clases de manufactura de monos. Algunas de las pelucheras consiguen réplicas de los costosos modelos patentados que harían levantar las cejas al mismísimo Disney. El atractivo de la tienda se extiende a travestis, diseñadores de ropa, decoradores de interiores, escenógrafos de cine, televisión y teatro, fabricantes de disfraces, tapiceros de discotecas, bares, automotrices y funerarios. La mayoría de las telas son de producción nacional y el resto de Corea y Chile. Según Pablo Trejo, administrador del negocio, cada mes se estiban en las bodegas alrededor de veinte mil metros de felpa que bien podrían tapizar a la manera del artista conceptual Christo, los edificios que rodean al Zócalo. Mes con mes, la mercancía viaja a todos los puntos de la República y a algunos países de centro y Sudamérica.

El mundo al que invoca Peluches Santísima gradúa el sinsentido de la calle, donde personajes insólitos y subterráneos, pero inaceptables a la imaginación de Carroll o Disney, brotan a la superficie como convocados a la locación de los delirios fílmicos de John Waters. No es difícil explicarse por qué hay quienes prefieren refugiarse en alegorías decorativas compradas al mayoreo.

La Reina de San Pablo está en la avenida del mismo nombre y a un lado de la iglesia. Ahí cité a Gerardo. Nuestra visita fue trepidante, aunque metódica. Bebimos bolas de cerveza oscura y yo rechacé una botana de puchero y chicharrón en salsa verde. Mientras Gerardo narraba pasajes de su vida yo me distraía con las piernas ofreciéndose en la calle bajo las puertas de campana. Dentro, los gestos duros y enrojecidos por el sol y la bebida, volteaban a nuestra mesa para identificar una presencia extraña: yo. Gerardo comía despacio para darse tiempo de saludar a sus conocidos y contarme a detalle sus andanzas de niño vendiendo gelatinas, su paulatino ascenso en el comercio informal y como empleado de confianza en Peluches Santísima. El trabajo pesado y sus exigencias de lealtad es parte de una cárcel de puertas abiertas que le permite despedir la tarde en la calle, sonriente porque no tiene que preocuparse de dónde saldrá el dinero para la manutención de su familia, una cerveza, una camisa nueva o el boleto de entrada a un salón de baile. Sanguíneo, de mirada alerta, Gerardo me explica los secretos del frontón a mano y el dinero que ha ganado jugándolo, repasa sus años de futbolista incansable sábados y domingos, sus entrenamientos al lado de estrellas de la lucha libre en el gimnasio El Bronson Mexicano, en Clavijero, o en el Latinoamericano, de Anillo de Circunvalación y San Pablo, que frecuenta hasta dos veces por día. No alcanzo a comprender cómo es que gravitando de por vida en el peligro latente logra mantenerse alejado de hospitales de urgencias y reclusorios. No es gracias al deporte, éste pone en forma su necesidad de acción en momentos de congoja. Un vaso roto, un grito destemplado, una mirada retadora o la posibilidad de agarrarse a golpes para deslindar responsabilidades en un choque en su camioneta de trabajo, sintetizan su anarquismo interior; son el tic tac de esa bomba de tiempo que anuncia su autodestrucción en abonos. De pronto, no puedo evitar sentirme estudiado por contrincantes de oficios inciertos, que no me agreden sólo porque los he tomado por sorpresa.

Gerardo sabe que no confío del todo en él pero su historia da para tanto que no puedo evitar las ganas de escribirla en ese mismo momento. Tiene como variables a cualquiera de los súbditos de La Reina de San Pablo, faltaría saber qué escalafón nos corresponde de los únicos posibles. La plática, fluida y necrófila, está a tono con la atmósfera de la cantina, que exige tener los sentidos alertas pese a la calma aparente. Sobre todo, cuando un grupo de prostitutas decide entrar a beber. Parecen modelos de Peluches Santísima. A los pocos minutos de sentarse a la mesa, cerca de la entrada, entre risas precavidas deciden marcharse luego de que el mesero toma su orden. Quizás, al igual que yo al llegar, percibieron la misma sensación de hostilidad contenida, formando un vacío sonoro e inmovilidad general. Como si alguien justo antes de encabezar el acoso a las mujeres hubiera apretado el botón de *pause* de los dos televisores que transmiten el futbol desde repisas de madera atornilladas a los muros; como si sólo con la retirada de las insolentes o su sumisión inmediata pudiéramos medirnos unos a otros en esa guarida de "machines".

Decidimos dejar esa nave amarillenta y brillosa, con olores a comida recalentada, desinfectante y ásperos humores. Varios pares de ojos altivos nos acompañan a la salida. Mientras, unos vendedores callejeros ponen sobre la mesa mochilas de las que extrajeron pulseras, llaveros y bolígrafos. Discretos, comenzaron a inventariar la mercancía y a repartirse dinero como si fuera parte de un botín recién obtenido.

El papa quiere conocer La Merced

La Muñeca está en la esquina del callejón de Santo Tomás y Carretones. Ocupa el angosto local de uno de los tantos edificios desahuciados en un barrio que concentra cuarenta y dos por ciento de los monumentos arquitectónicos de la ciudad. De sus muros cuelgan llamativos carteles de mujeres desnudas y en bikini que pesan arriba de cien kilos: proyección de la actividad prostibularia, afuera. Chorrea un ambiente rocambolesco. Las mesas y la barrita están atestadas de tipos de temperamento viscoso, prestos a bravuconear a la menor oportunidad. La mitad, de mediana edad, fatigados y embrutecidos por el destino. La otra, jóvenes, fatigados y embrutecidos por el destino. En una de las mesas hay un grupo de taciturnos amigos que se parecían a The Ramones luego de haber pasado la noche levantando un acta por el robo de sus instrumentos en alguna agencia del Ministerio Público. Beben encorvados mirando insistentemente las puertas de acceso como si esperaran en cualquier momento la entrada de los rateros para saltar sobre ellos.

Lo mejor es demostrar con la actitud que uno sabe dónde está metido, que si vienes aquí es porque tienes huevos. Y si no sabes dónde los tienes, lo mejor es fingir lo contrario, y qué mejor que pidiendo una cerveza en la barra y apurarla como si tal cosa cuando el corpulento mesero, rapado y con actitud de custodio en funciones, grita que estorbamos el paso y ordena que nos hagamos a un lado en lo que se desocupa una mesa.

—No te apures, regresamos —digo en lo que acabo con pulso firme mi cerveza—, al cabo que tiempo traemos.

—Como quieras.

Nadie se mueve de sus mesas o de la barra, nos miden como a demostradores de una esencia compuesta de sudor fresco, atrevimiento y un acento extraño que no arrastra las palabras ni las corta, sin eco con la jerga carcelaria gangrenada por una virulencia que, de contagiarse, se nos vendría encima para impedirnos a golpes y navajazos sortear los retenes humanos que taponan las puertas.

Semanas antes, durante la conversación con el aún subsecretario jurídico de la delegación Cuauhtémoc, se me ocurrió preguntarle qué lugar de La Merced le recomendaría visitar al papa.

—Mire, la cuestión es darle a la gente el orgullo de vivir y trabajar en La Merced. Una prueba patente de su interés fue cuando les dijimos: "Oigan, jamás en la vida un papa

ardor en los ojos y la amenaza de ser rociados nos impedirá detenernos. Cumple con su fajina sin usar guantes y, francamente, su enorme talla impone más que su actitud desdeñosa. Es la mayor de las otras mujeres a la vista, recargadas en un portal de hierro anaranjado. Dentro, están los ínfimos cuchitriles, donde todo ocurre de pie, y los retretes. De pronto sale de ahí un fulano chaparrito, de rasgos indígenas con un suéter colgando del hombro. Su actitud la he visto en quienes salen del trabajo por la puerta para empleados o en quienes disimulan al salir de un cine porno. No hay sonrojo evidente. Sí un poco de pudor. Ochenta pesos el servicio promedio. Las autoridades se hacen de la vista gorda para aceptar la estrecha supervisión y control de la prostitución callejera. Según ellas no tienen registros oficiales porque "el sexo servicio en esta ciudad es sólo una infracción y ninguna autoridad está facultada para llevar ningún censo". Pero hay evidencias que demuestran lo contrario, de otra manera no me explico las disparatadas cifras disponibles: existen en activo entre dos mil quinientas y cinco mil mujeres trabajando en La Merced, aunque sus representantes afirman que hay cerca de diez mil. Laboran seis horas diarias y pueden ganar hasta mil quinientos pesos en un día de a doscientos cincuenta pesos la hora. El padrote se queda con el sesenta por ciento de la ganancia. Los padrotes forman parte de una añeja tradición del pueblo de Tenancingo del Alto, en Puebla, donde los padres entregan a las hijas que, en su mayoría, terminan trabajando en La Merced; eso sí, vestidas con cierto decoro de las ocho de la mañana a las veinte horas, ya que desde 1997 sus representantes acordaron un código de conducta con los líderes vecinales que establece el uso de ropa "normal". Luego de ese horario y hasta las seis de la mañana pueden andar como se les dé su gana.

CHUPANDO BAJITA LA BAISA

—Aguas, ahí viene un chinero.

En la calle de Misioneros, de regreso de Anillo de Circunvalación nos topamos de frente con un tipo de mediana edad cuya apariencia general no inspiraba desconfianza. Canoso, moreno y mofletudo, su vestimenta podía confundirse con la de cualquier hombre en la calle: pantalón de poliéster, zapato tipo mocasín y camiseta de algodón.

—¿Cómo sabes que es un chinero?

Gerardo evadió mi pregunta escupiendo al suelo antes de cambiar de ruta por Santo Tomás, hacia al norte, buscando la calle de Talavera, a donde iríamos a tomar cerveza en la trastienda de la miscelánea La Unión. La industria del robo es una de las más extendidas en el mundo y nadie debería sorprenderse. El arrojo del ladrón común está por encima de quienes, con estrategias elementales, gritan bravatas mientras saquean comercios en las marchas. El caco lucha en la práctica diaria contra lo que los indignados teóricos del anarquismo consideraron un atraco a la justicia, es decir, la existencia y defensa de la propiedad privada. Según información proporcionada por la Secretaría de Seguridad Pública, existen en el área de la Merced catorce bandas de asaltantes conocidos como "chineros", que en total se calculan en ciento cincuenta. Se les apoda así porque aplican la llave china, tan popular en la lucha libre. Aunque no es muy difícil contrarrestarla teniendo nociones de defensa personal, lo mejor es no ponerse al brinco, pues no actúan solos, sino en grupos de dos o tres. La fuerza ejercida en el cuello de la víctima puede ser letal al lesionar la tráquea y cervicales, o dejar daños permanentes en las cuerdas vocales. La falta de aire puede provocar desmayos. Es una llave muy popular en las películas del Santo y de Van Dame. Ambos superhéroes suelen neutralizarla flexionándose hacia adelante mientras toman a su rival por la nuca para darle una vuelta de campana y azotarlo de espaldas al piso, antes de medio matarlo a puñetazos y golpes de karate que bastarían para poner quietos a todos los chineros habidos y por haber.

La psicología criminal clasifica a esta clase de delincuencia como "ábúlica", sanguínea, frecuentemente alcohólica y, de unos años a la fecha, drogadicta. También se le conoce como refractaria al trabajo. Algunos criminólogos clasificarían a estos sujetos como usualmente cálidos y expansivos, que van y vienen entre la desfachatez y una tristeza huérfana. Suelen ser parlanchines, alegres y sociables, pues gozan de lo que los rodea, fuera de los momentos de depresión que los aqueja. Y no es raro que sufran trastornos mentales manifiestos. Son la tropa de la delincuencia que llena las cárceles. Son fácilmente manejables por criminales más hábiles y, por lo mismo, se prestan al espectáculo informativo. Otro tipo delincuencial ampliamente cubierto por los abúlicos es el del vagabundo o mendigo profesional. En la mujer, la versión más conocida es esa santa ventruda de mirada baja y brazos cruzados, solitaria a ratos, maquillada con exageración, vestida con entallada ropa de licra; de lejos y de cerca su aspecto indígena y atuendo la hacen ver pasada de moda mientras espera recargada en algún muro o zaguán de La Merced. Aquí dejo al interesado un motivo de reflexión acerca del amplio rango abarcado por la etiqueta "delincuencia organizada", que comienza con la asociación de dos sujetos.

El chinero es típico de La Merced, y el más popular entre otros muchos asaltantes que utilizan diferentes *modus operandi*, a saber:

Descontonero: golpea a la víctima sorpresivamente y de inmediato le arrebata sus pertenencias.

Bastonero o carterista: en las aglomeraciones, muchas veces utilizando a una dama como carnada para provocar la distracción de los hombres, "bajita la baisa" extrae la cartera del bolsillo de la víctima. Aquí valdría la pena hacer un breve paréntesis para recordar el origen de la frase "bajita la baisa". "Baisa" es un gitanismo de origen sánscrito y significa "mano". La expresión era usada por los pachucos para referirse al robo de carteras con la mano oculta dentro del saco. Actualmente su sentido se ha ampliado para significar "sin que se entere" en cualquier interacción.

Cadenero: arrebata pulseras, relojes y cadenas a su víctima distraída y se echa a correr.

Retintero: opera en los centros comerciales o mercados, va sobre los bolsos y escapa corriendo.

Cirujano: con un bisturí, una charrasca hecha con una segueta, o con una navaja de afeitar, corta los bolsos de los transeúntes que caminan como si tal cosa, soñando con su reflejo en los aparadores mientras les quitan su lana.

Paquero: envolviendo con un billete de baja denominación un paquete de papel simula un grueso fajo que "encuentra" el transeúnte, a quien pide dinero para no delatarlo. Tanto peca el que mata la vaca...

Fardero: se esconde la mercancía robada entre las ropas. A veces finge un embarazo. Este tipo de robo es casi exclusivo de mujeres.

Todos ellos forman parte de una modalidad delictiva en extinción, pues basan su estrategia principalmente en la astucia y la fortaleza física. Pese a su peligrosidad no son homicidas y no portan armas de fuego. Operan en un área que los destaca si no como únicos, sí como característicos de La Merced. Según la información de las autoridades y las experiencias de amigos y conocidos, los chineros están plenamente identificados, sin embargo son reincidentes continuos. Muchos de ellos realizan su actividad por herencia, pues les ha sido enseñada por generaciones. Camuflados en una facha que obligaría a desconfiar de cualquier peatón, el chinero forma parte del folclor mercedario; y su extinción no debería ser motivo de alegría, sino de desconsuelo y temor, pues dados los índices delictivos de la ciudad, su sofisticación y violencia, el ciudadano terminará por añadir a su diario de desgracias una frase que invoca la añoranza: todo ratero pasado fue mejor.

Encuentro con el santo cohetero

Hoy más que nunca el ciudadano con ganas de destrampe alegórico, sufre. Con el *boom* de reglamentarismos en favor de la "seguridad pública", nadie está a salvo de que el petardo le estalle entre las manos. Decomisos, redadas y alcoholímetros están a la orden del día y los otrora feudos de cohetes y coheteros ostentan una calma chicha impropia para quien busca una *palomita*, una *bruja*, un *chiflador* y hasta una inofensiva luz de bengala. En apariencia, la Central de Abasto y el mercado de Sonora poco tienen que ofrecer a los pirómanos ocasionales. Huele a vendimia, fritanga, copal, hierbas curativas, sudor, cañería pero, sobre todo, a especulación y artificio. Los tumultuosos pasillos en ambos abastecedores son custodiados desde lo alto por miles de monigotes estrambóticos, fetiches y amuletos alusivos al Día de Muertos, Halloween y la Navidad por venir. Cabezas de puerco en canal, embutidos, básculas, huacales, cajas, utensilios de cocina y de cualquier otra actividad imaginable cuelgan en ganchos o se apilan por toneladas en las enormes naves donde abundan los altares y la vigilancia uniformada y de civil.

Algo similar ocurre en La Merced. En los alrededores de Ramón Corona, Carretones y General Anaya, los rincones más apartados del mercado de dulces Ampudia y en el traspatio de la iglesia de Santo Tomás, el aroma a caramelo, guisos y acedía circula entre apretujones y pesados bultos transportados por fibrosos diableros. Pero entre los oficios tolerados, en el subsuelo y lo más profundo de las bodegas se oculta una verdad sospechosa. Tras las fachadas de lóbregos y centenarios edificios, a pleno sol, bajo la sombra de cervecerías avinagradas y "chineras" o de llamativas lonas que eclipsan la luz del día, el comercio en el primer cuadro de la ciudad niega la presencia de la cohetería pirotécnica como si ésta fuera una maldición que condena para siempre a quienes osen invocarla.

Las acciones emprendidas por la Secretaría de Seguridad Pública del D.F. se han cebado con la venta de explosivos comprimidos en papel; no obstante, en los tradicionales puntos de venta se observan animadas cofradías de achispados, algunos de ellos con la pólvora quemada y "bien brujas" luego de solicitar los servicios de las prostitutas del callejón de Santo Tomás.

Como parte de los diferentes operativos en la ciudad, la policía decomisa cada año varias toneladas de pirotecnia y explosivos de todas maneras accesibles en la Merced. Los recelosos comerciantes aducen que la venta de cohetes es por temporadas y que con tanta confiscación nadie se expone a que lo agarren con las manos en la mecha. Mejor se chispan. Nadie quiere servir de judas. Uno se pregunta el por qué de la tremenda inquina contra esta añeja costumbre nacional que renace año con año en saturnales y festejos religiosos donde, como bien se sabe, el mexicano estalla de gusto y se pone cuetes memorables sin importarle que termine bien tronado su bolsillo, sobre todo luego de la ruta navideña Guadalupe-Reyes.

ENTRE CISCOS Y CISCADAS

La historia de la pirotecnia, asociada con la noche y sus festividades, llena de candela el extenso santoral católico y las efemérides más gritadas. Los primeros juegos pirotécnicos alegraron jolgorios y toda clase de ceremonias hace casi dos mil años en el lugar donde se inventó la pólvora: China. Concretamente en el sudeste, en aquel entonces centro industrial donde floreció la dinastía Sung. Etimológicamente, "pirotecnia" tiene sus raíces en las palabras griegas *pyros*, fuego, y *techné*, arte o técnica, y significa "el arte que trata de todo género de invenciones de fuego". La pirotecnia llegó a Europa en la Edad Media vía los árabes y acompañó especialmente las campañas militares. Los cohetes forman parte de una añeja tradición en México que llegó con los conquistadores. Durante los primeros años de la Colonia los españoles realizaron justas, torneos y pasos de armas de carácter medieval para amedrentar a los señores indígenas. Se exhibían ante ellos en complicados ejercicios ecuestres, acompañados a veces del estruendo de cañones y arcabuces; posteriormente, los torneos se efectuaron para celebrar a la nobleza acompañados por fuegos pirotécnicos. Se tiene memoria de que en 1640 se realizó uno de los últimos combates en la ciudad de México presenciado por el virrey duque de Escalona, y culminó "cuando los combatientes unieron sus fuerzas para luchar contra un monstruo pirotécnico, una sierpe de notable grandeza despidiendo de sí mucha artillería".

Existe la creencia de que el tronido de cohetes asusta a los demonios y aleja el mal; vistas así las cosas, menos se justifica la prohibición en estos tiempos, cuando la economía y la política nacionales se la pasan del cisco a la ciscada. El arte de la pirotecnia se practica en muchas regiones del país pero es en Tultepec, Estado de México, donde se encuentran los artesanos más distinguidos. Sus orígenes se remontan a más de dos siglos, cuando la pólvora se fabricaba con carbón de jara y tequesquite extraído del lago de Texcoco y de los volcanes. Sesenta por ciento de la población de Tultepec (aproximadamente veinte mil habitantes) se dedica a la elaboración y distribución de productos pirotécnicos. En conjunto constituyen cinco por ciento de la producción nacional.

Ponerse un cuete

Los ingredientes indispensables para fabricar pirotecnia son: antimonio, que produce el color blanco azulado; bicarbonato de sodio, el amarillo; el cloruro de mercurio aumenta la intensidad del color; el sulfato de cobre produce el color azul; el sulfato de estroncio, el blanco; azufre, presente en la mayoría de las mezclas; y clorato de potasio, que actúa como explosivo. Fue hasta el siglo XIX cuando a los franceses se les ocurrió agregar magnesio y aluminio a la mecha y con ello los cohetones alcanzaron mayor esplendor.

RECETA

Para preparar un kilo de pólvora pirotécnica se necesitan setecientos treinta gramos de nitrato de potasio (salitre al setenta y tres por ciento), ciento cincuenta gramos de carbón (quince por ciento) y ciento veinte gramos de azufre (doce por ciento). Se pulverizan los elementos, uno por uno, se reúnen y agregan doscientos cincuenta mililitros de agua destilada. Se mezcla todo hasta formar una pasta dura que se espolvorea manualmente, después se pulveriza y se cierne.

AL QUE LE QUEDE EL CUETE QUE SE LO PONGA

Fuegos artificiales: vuelan formando vistosos abanicos multicolores. Comprenden castillos, canastillas, bombas, cometas, cohetones bomba, abanicos de luz y trueno, efigies, cascadas, lluvia de brillantes, bombas lentejuela, bombas araña y crisantemos. Su equivalente etílico es el de aquel que se las da de saleroso, disparador y presume hasta de lo que no tiene.

Juguetería: el pino, el volcán, la multibomba, las bombas con centro de color, el gusano, los chifladores de vara y trueno, los cohetes bomba-luz, los buscapiés, la luz mediana, la luz de cigarro, la mini cascada espacial, la candela, el misil, la abeja, la minibomba, el relámpago, el cañón, el avión, el torbellino, la paloma y el mini cohete, entre muchos otros gustados por quienes en los reventones truenan a las primeras de cambio.

El "torito" es un armazón de carrizo e hilo, cuya estructura está forrada con periódico o cartón y adornada con papel de colores. Se fija en dos ruedas y al momento de encenderlo y torearlo lanza "buscapiés". En esto se parece a las suegras y demás impertinentes que aprovechan las pachangas para litigar.

Otra creación menos conocida es la mojiganga: muñeca de cartón que baila de manera burlona e irónica al ritmo de quien la conduce. En el Congreso y los centros nocturnos abundan personas así. Hay un tipo de bebedor al que bien podríamos llamar "mojiganga" porque anima las tertulias y, a pesar suyo, sirve de comidilla. Es al que la cruda moral lo lleva a tomar decisiones determinantes: "Ya no vuelvo a tomar ron".

Las populares palomas se elaboran con tiras de periódico rellenas de pólvora que se cierran mediante dobleces, se sellan con pegamento y se les incrusta la mecha; son tan escandalosas como impredecibles porque uno nunca sabe si de veras van a tronar como prometen y, al igual que a cierto tipo de briago, la gente les huye. En tanto que los buscapiés son tubos de periódico que llevan pólvora, tierra con dextrina y otra mezcla que se fija con una gotita de cerilla, chillan y zigzaguean sin control y recuerdan mucho a los amanecidos que no saben si van o vienen. Imagine el lector la efectividad del buscapiés si se le diera uso de alcoholímetro.

El tultepequense Manuel Reyes Arias inventó un dispositivo electrónico que reduce riesgos para los artesanos. Emplea un programa de computadora para accionar la mecha y que además emite impulsos electrónicos acordes a los tiempos y notas de determinada melodía, lo que permite que el castillo se vaya activando según el diseño. Este programa lo puso en marcha en Estados Unidos y se comenta que muchos están a la espera de su adaptación en el armamento de los *marines* para que cumplan con sus heroicas faenas al ritmo que prefieran.

TRONADO DE TANTO ANDAR

Luego de días de infructuosas búsquedas, una noche regresé a casa sin saber que a la bajada del atiborrado y belicoso microbús me esperaban rayos de luz multicolor y esperanza. Como cada 28 de octubre, en la iglesia del barrio se celebraba a san Judas Tadeo, patrono de las causas difíciles. Nadie mejor que él para sacarme de apuros. Su omnipresencia alegraba los festejos callejeros con juegos mecánicos que obstruían la circulación vehicular y originaban las tradicionales mentadas de madre entre conductores atorados en un embotellamiento que se prolongaba por varios cientos de metros en ambos sentidos de la calzada. Los puestos de flores y pan compartían las estrechas banquetas con los de tiro al blanco con rifles, dardos o canicas. El copal ardiendo en anafres perdía mucho de su picante e intenso olor sacramental al mezclarse con el de buñuelos friéndose en enormes peroles, el de miel de piloncillo humeando en ollas, de monóxido de carbono y de toda clase de antojitos.

Por esa noche de festejo, san Judas tenía entre sus más devotos fieles a adolescentes de mochila que en su mayoría pasaban el rato en los futbolitos. Fui directo al grano y busqué a un vendedor de pirotecnia de los que suelen estar en cuclillas en las afuera de las iglesias. En su lugar encontré a varios artesanos avecindados en la colonia Candelaria, en Coyoacán, que preparaban un castillo y varios potentes cohetones a juzgar por su tamaño. Eran las ocho de la noche y en media hora la pirotecnia iluminaría una franja de cielo del sureste de la ciudad en honor a uno de los iconos más contradictorios y buscados del santoral. A san Judas le rezan policías y ladrones y es cuando uno ya no sabe ni a qué santo arrimarse. Don Pedro Jiménez y su hermano me informaron que un castillo como el que cebaban en el atrio con profunda concentración ritual, cuesta veintiséis mil pesos, lleva diez bombas de seis pulgadas de diámetro y diez de cuatro. Una bomba grande vale ciento ochenta pesos, la chica ciento cincuenta. El torito, más modesto y no requerido en el festejo, vale ochocientos pesos. En todo momento los artesanos fueron amables y daban como un hecho que les saldría chamba conmigo, pues mediante el pago de mil pesos se acomedían a conseguir en San Pablito, Estado de México, una enorme bolsa con cohetes "de juguete" que estaría lista en un par de días.

Al mismo tiempo, tras una pequeña congregación católica en el atrio me llegó el olor a lavanda de la loción del cura, ocupado en bendiciones y repartiendo estampas. Me abrí paso hasta ahí pero uno de sus acólitos me detuvo para preguntar qué se me ofrecía. Se me ocurrió responder que quería una confirmación y me recomendó regresar dos días después a la reapertura de las oficinas parroquiales. Prometí que lo haría y fui a comerme un elote.

Sentado en el camellón entre dos coches de judiciales, presencié el estallido de cinco cohetones y un castillo que por su frágil estructura parecía diseñado por los arquitectos de los conjuntos habitacionales que abundan en la zona. Por fin olí la pólvora. San Judas Tadeo parecía un ícono de centros nocturnos que giraba en espiral para bendecir con chorros de luz multicolor a los creyentes, cuyas muestras de júbilo se atragantaban con buñuelos y tostadas. Los juegos mecánicos, vacantes, giraban como poseídos por el espíritu de un arlequín desquiciado que con el retumbo de salsa, balada y electrónica saboteaba los sacramentos por altavoz del párroco mientras san Judas se desvanecía chamuscado por su misma liturgia centrífuga. *Consumatum est.*

Poco después, desde mi departamento del cuarto piso escuché más estallidos de cohetones. Me asomé a la ventana anticipando el chisporroteo alegórico que iluminaría fugazmente la negra periferia donde, por encima del manto ocre del alumbrado público, asoman tinacos, antenas,

La hermandad del rebote

Para alguien ajeno a ella sería difícil entender su arraigo a una actividad en apariencia rudimentaria y lejos de la profesionalización. Lo cierto es que durante la semana frontonistas a mano "con pelota de tela" se reúnen en deportivos populares dispuestos a partirse el alma emocionando a una afición fiel y de raigambre popular.

Las canchas al aire libre de las delegaciones Benito Juárez, Xochimilco, Tláhuac, Venustiano Carranza e Iztacalco reúnen a decenas de aguerridos jugadores que sobreviven al anonimato. Considerado por los neófitos como pasatiempo para vagos y apostadores, el frontón con pelota de tenis exige óptimas habilidades físicas y mentales para mantener la fuerza y la colocación del golpeo con ambas manos durante largas sesiones de varios partidos, que pueden durar entre treinta y cincuenta minutos dependiendo del rival. Sin más aparejos que guantes industriales de tela y ropa cómoda, se juega casi siempre en parejas, la modalidad más gustada por los jugadores y afición debido a su espectacularidad.

La cancha reglamentaria es la misma para todas las especialidades de frontón, mide treinta metros de largo por nueve de ancho y casi diez de altura en las paredes; sin embargo, estas dimensiones varían según el espacio disponible.

La esencia de este deporte, traído en 1895 por la comunidad vasca, sigue respetando sus orígenes europeos allá por el siglo XII en Francia, donde la modalidad *courte paume* (palma corta) estaba reservada para la nobleza y el clero en espacios cerrados de palacios y conventos. La *longe paume* (palma larga) era practicada por el pueblo en espacios abiertos y terrenos llanos, en los extramuros de las ciudades y los castillos. Pero su mestizaje se remonta a lo que los aztecas llamaban *tlachtli*, los mayas *pokyah* y los zapotecas *taladzi*.

Como parte de las veintiséis especialidades reconocidas por la Federación Mexicana de Frontón, la modalidad con pelota de tenis es la única que no cuenta con torneos oficiales fijos ni representación a nivel internacional. Esto se debe en buena medida al rechazo a la energía transgresora que desprenden los usos y costumbres de las barriadas. Ha habido casos excepcionales como el de Alfredo Zea "Biónico", que en 1990 en Cuba, fue campeón del mundo de frontón a mano con pelota dura en la modalidad de "trinquete".

Chorcho, Chacal, Biónico, Ferruco, Tofi, Gasparín, Mono Negro, Campeoncito, Loquillo y GC son algunos de los sobrenombres más destacados de una hermandad con sus propios códigos, correo de voz y volantes de torneos y "jugadas", así como de la clasificación informal y variable. Como ellos, muchos otros rolan turnos buscando incansables un reconocimiento intramuros marginal y efímero.

Frontones como el de Mixcoac, a la salida del metro San Antonio, reciben aficionados y jugadores de todas edades, modalidades y ocupaciones que vienen de colonias populares del D.F. y el Estado de México. Asimismo es una oportunidad para el comercio de arreos de juego, bebidas, cigarros sueltos y alimentos altos en carbohidratos por humildes y esmirriados vendedores ambulantes como "don Demetrio", con toda una vida recorriendo el circuito.

En los muros verdes rebotan pelotazos cuyo eco de pronto parece el descorche de botellas bien agitadas. Cábulas implacables se acompañan de un histrionismo tan intenso como las emociones que éste despierta en los espectadores, que siguen un tanto contemplativos el viaje aparentemente plácido de la pelota. Los muros absorben y aíslan de tal modo las acciones, que de pronto parecen enfriar una feroz lucha a cuatro y ocho manos contra un bicho verdoso, huidizo e insensible. Las pifias y las jugadas controversiales se discrepan con furor, a veces monomaniaco, de encierro clínico para inconformes sin remedio.

El frontón a mano con pelota de tenis es una derivación radical de sus hermanos con pelota dura o con raqueta y propone un modelo alternativo que preserva lazos de reciprocidad, solidaridad e intercambio indispensables para resistir a modelos sociales excluyentes. Sus practicantes expresan un individualismo subversivo, vital y espontáneo adquirido en la experiencia cotidiana.

A unas calles del metro Viaducto, hay "jugada" dos veces por semana en un domicilio particular. Al filo del medio día se dan cita muchos de los mejores exponentes. La cancha en la parte posterior apenas alcanza la mitad de las medidas oficiales. Hasta ya bien entrada la tarde se amontonan espectadores en la pared de fondo, en la de la casa y en el estacionamiento adjunto, techado. Los *habitués* se reconocen los colmillos apoyando a sus favoritos. Los primeros partidos sirven de calentamiento y para dar tiempo a que los estelares se vayan poniendo de acuerdo a veces mediante un volado, para elegir y equilibrar las parejas, ganar el saque y mantener a raya a los "cincheros". En todo esto se busca además, evitar las "caídas". Los más hábiles, como Rodolfo Mejía, de Tulyehualco, se enfrentan contra algún jugador con raqueta. Además aprovechan para vender golosinas de amaranto hechas por él y su familia. Mejor conocido como "Chacal", resume en el estampado de su playera el credo que lo convierte en el rival a vencer: "Si en el cielo no hay frontón mejor no voy". Su malicia, colocación y velocidad le permiten jugar contra dos o haciendo pareja con alguien menos hábil para dar cierta ventaja a los rivales.

Cuando se presenta un "tapado" crece la expectación general. El barullo es el de una romería o una apretada subasta. Con el sol cayendo a plomo sólo resta tomarse un respiro entre un partido y otro. "¡Ya llegaron sus patitas de pollooooo!", grita por ahí un vendedor de rasgos indígenas con su canasta colgando del brazo.

La pelota afelpada concentra la energía de la hermandad que aún puede darse el lujo de sudar copiosamente sus emociones aislada del tráfago callejero. Bulle un fuerte espíritu de competición donde, sin embargo, prevalece el deseo de pasar un buen rato. Esta informalidad desafiante es una forma de hacer vida social entre iguales con alta capacidad de adaptación y un amplio repertorio de bufonadas. Es indispensable ganar, en ello va una mentalidad de guerrero urbano que no da ni pide tregua. Una barriga prominente, el tatuaje desvanecido, el gesto ceñudo, una dentadura incompleta o cariada, la eterna mueca con la comisura del labio torcida hacia arriba o una cicatriz magnífica pueden ser parte de un estilo de juego.

Abundan las poses sublimes, de monarca a la espera de un desafío o del reconocimiento de su grey. La intensidad con la que se pelea cada punto de un partido por lo general pactado a doce, de pronto caldea los ánimos y suspende las acciones para discutir una bola que roza la "chapa" o la línea que delimita la cancha. En ello va el triunfo o la derrota de todas maneras litigante.

Para dirimir controversias se recurre a algún espectador de confianza o, en el caso del frontón casero, al administrador de la cancha, quien lleva el marcador en un cuadernillo desde la ventana de una cocineta donde se venden refrescos y botanas. A veces, para no meterse en aprietos los jueces dirán "no pude verla" o "me taparon", pues podrían convertirse en sentenciados a una tanda de mentadas y chunga alusiva a su torpeza, ceguera o falta de hombría. Sobre todo cuando alguien "tira una tabla" o un "uno". En todo caso, es preferible disfrutar del partido sin comprometerse, pues luego resulta que uno ha visto demasiado. Como en cualquier otra actividad humana, el dinero representa un incentivo, sin embargo, ganar no lo es todo, por el contrario, el encono no va más allá de pactar una revancha inmediata. En los torneos, muchos de ellos con motivo de festividades religiosas en pueblos y barrios, el primer lugar puede llevarse hasta cuatro mil pesos y un trofeo. Ha habido casos excepcionales, como el del 4 y 5 de junio de 2004 en la unidad deportiva del IMSS de Naucalpan, en que el PRI repartió en premios cincuenta mil pesos a las cuatro parejas finalistas.

Los piques, la rudeza en el trato, la temeridad de los lances, la aceptación a veces a regañadientes de la derrota y las complicidades, cualquiera que sea el resultado del partido, nunca están por debajo del imperativo de la victoria. La energía desplegada siempre lleva consigo la satisfacción de vencer las propias limitaciones.

La tan perseguida pelota de tenis es, de un modo u otro, una parábola de la vida y sus imperativos de sobrevivencia en un país de extraños lazos fraternales urdidos dentro y fuera de toda clase de muros.

Hay que darlo todo en la cancha aunque no siempre se pueda ganar un dinerito con sudor, bravura y una que otra maña.

Buche: pelota de tenis sin tela.

Caída: dejarse ganar.

Chapa: cintillo metálico horizontal en el frontis, a sesenta centímetros del piso.

Cinchero: el que hace trampa o se deja ganar para favorecer una apuesta.

Frontis: pared principal.

Mandar la pelota a caballo: golpe muy fuerte que manda la pelota del frontis a la pared de rebote.

Quemar: punto malo cuando la bola le pega en el cuerpo a un rival de la cintura para abajo. De la cintura para arriba es punto a favor de quien dio el pelotazo.

Tapado: jugador desconocido en un frontón.

Tirar la tabla: enviar la pelota muy bajo a una esquina del frontis para que salga en dirección contraria, apenas arriba de la chapa y caiga en picada, suavemente. Es, junto con el "uno", el golpe más buscado.

Tirar un uno: enviar la bola al ras de la chapa a la esquina izquierda del frontis para que caiga dentro de la zona de la cancha marcada con ese número.

Trinquete: cancha con un muro extra de vidrio que va del frontis a la pared de rebote.

Vuelta: estorbar al contrario.

Los herederos de Diablo

I. Entre zonas chinamperas, canales, inmensos baldíos, obra negra y cascajo de construcciones al vapor, se levantan asentamientos populares del barrio de Tulyehualco en la ciudad de México. De noche, asomándose a lo lejos desde los escherianos puentes peatonales del periférico, el alumbrado público parece un vidrio ambarino hecho añicos dentro de un cuenco interminable.

A cualquier hora los convoyes de atestados microbuses se rebasan a velocidades temerarias que se anudan en ruta a Taxqueña, Xochimilco, Iztapalapa, los reclusorios Oriente y Sur o a zonas colindantes con el Estado de México. Pese a la estridencia de los estéreos y a los virulentos zangoloteos en las avenidas y las angostas vías de doble sentido, los pasajeros prefieren dormir o cavilar. Pocos cuchichean. En las calles sinuosas y sombrías, hediondas a combustible y estiércol de ganado, las bardas de adobe maquillan su grisura con grafitis y anuncios espectaculares que invitan a bailar a ritmo de sonideros y bandas de música tropical y grupera en algún rodeo, gimnasio o discoteca eventual. *Bandabandabanda, gentebonita gentebonita deaquídeee Tulyehualco*, animan los MC's locales con ese tono pomposo y arrabalero que cada fin de semana festeja la identidad de sus barriadas.

Tulyehualco aún conserva embarcaderos entre avenidas y urbanizaciones terregosas donde se realizan festividades en honor a diferentes santos. Hay días, sobre todo en verano, en que el apeste en canales, baldíos y sembradíos sugiere un camposanto a cielo abierto. En ocasiones se debe a un perro despedazado.

A los colonos los identifica su origen rural. En los atuendos y pasatiempos de los más jóvenes se nota la influencia de una cultura carcelaria, *hiphopera* y de emigraciones a Estados Unidos. La simbiosis entre el campo y la ciudad ha vuelto temible el quietismo provinciano de la zona. La presencia de la policía es más incierta que ubicua ante la ley del talión de los barrios y pueblos en la periferia sureste.

Para un forastero que se interna de noche no es difícil enfrentar miradas y conspiraciones esquineras cuyo desafío permanente vuelve insoportable la idea de desandar el camino de regreso.

II. El aviso es a través de una difusa red de conocidos de todas edades y ocupaciones, en su mayoría híbridas, del subempleo. Nadie acepta de buenas a primeras su interés en las peleas encubierto de estoicismo, hombría y jactancia, propias al ambiente de los jugadores compulsivos. Impera la jovialidad, la labia y un afán por transmitir confianza en sí mismos para que los demás les entreguen la propia. No hay liderazgos asumidos ni mafias, pero sí una red de aficionados y profesionales que organiza funciones en billares, restaurantes, ferias y zonas residenciales de la capital y su periferia. Al parecer, el único argumento para la prohibición del espectáculo en la ciudad de México y el Estado de México es que ambas entidades cuentan con una ley de protección a los animales. En el caso de otros estados, ajenos a esta legislación, las suspensiones y arrestos se realizan bajo los cargos de evasión de impuestos locales y federales en apuestas ilegales, y la participación de menores de edad. Sin embargo, la complacencia policiaca y la elasticidad de las leyes menguan los castigos a los infractores.

III. La derrota y la humillación son consecuencia de una falta de casta, de trapío. Si la bravura no da para más, no hay por qué condolerse de quien, quizás, estaría mejor muerto, de preferencia en combate. Como en la vida misma. Desde el siglo XVI, en Inglaterra, los antepasados del American Pit bull, han sido criados y entrenados para demostrar su vitalidad mortífera. Primero contra toros y osos. La supresión de estos espectáculos por el parlamento fomentó modificaciones genéticas que buscaban adaptar la ferocidad de la raza a otro tipo de pruebas, más veloces. Por ejemplo, matar el mayor número posible de ratas en un mínimo de tiempo. En esta última categoría, los récords señalan a 1862 en una arena de Nueva Orleans, donde un tal Jacko dio cuenta de cien roedores en una hora con cuarenta minutos.

El Pit bull actual fue llevado a Estados Unidos a mediados del siglo xix. Se le llama "deportivo" y lo único que justifica su existencia es que satisface una interminable demanda de gladiadores. Su tamaño compacto se debe a las prohibiciones en las islas británicas por aquellas mismas épocas, cuando las peleas se organizaban en *pubs* y bodegas y los dueños requerían de ejemplares fáciles de introducir clandestinamente o de ocultar a la policía. Durante muchos años, la raza identificó los valores del pueblo estadounidense. Tomás Alva Edison (por cierto, inventor de la silla eléctrica) tenía como mascota a un Pit bull que luego serviría de logotipo a la compañía fonográfica rca Victor. A México, los primeros ejemplares llegaron a principios del siglo pasado representados por la renombrada línea Colby, estadounidense.

IV. Las peleas profesionales representan altos ingresos para unos cuantos obsesionados con la cría y alimentación alta en vitaminas y proteínas. Los entrenamientos, sobre todo en las semanas previas al combate, son dignos de un campo militar. Es en los "topones" (combates de entrenamiento) donde se mide si el animal tiene el *gameness*, es decir la competitividad, iniciativa y arreos para soportar el castigo. Las peleas terminan por lastimaduras graves, por retiro o muerte. El prestigio, el "honor" y fantasiosas anécdotas compensan la inversión en un pura sangre después de que ha demostrado ser un ganador. Luego de tres triunfos se le considera campeón de categoría, con cuatro es gran campeón. El máximo son siete pues es difícil que sobreviva a más. Un cachorro importado y con pedigrí de campeones puede superar en precio los quince mil pesos. Una línea de perros exitosa puede llevar el apellido de su criador. Para el día de su primer combate, dos años después como máximo, el dueño, conocedor de primeros auxilios veterinarios, habrá gastado cuatro veces lo que costó el perro. Sin embargo, la mayoría de los criadores y apostadores no profesionales se conforman con llevarlos a correr y alimentarlos en abundancia con lo que les permita su bolsillo. Un ejemplar sin registro ni control cuesta entre seiscientos y mil quinientos pesos.

La Federación Canófila Méxicana no reconoce la raza Pit bull; debido a ello en 1997 se creó la Asociación Mexicana del Pit Bull Terrier Americano. Su presidente, el abogado Erwin Alonso Martínez, puntualiza:

—Nosotros estamos en contra de los combates y creemos en la raza como un auxiliar del hombre en tareas de vigilancia, protección o simple compañía. Es muy noble y eficaz. El responsable de la ferocidad del perro es el hombre en todos los casos. Los humanos somos virulentos y depredadores, así que no resulta difícil entender que hayamos hecho del Pit bull un modelo de identificación que responderá a las exigencias de su entorno.

"La vitalidad de la raza y su mística gladiadora la vuelven eminentemente urbana. Bien entrenado un Pit bull es como un revólver. Su cuidado y manutención es mucho más económico con respecto a otras razas. Las características de estos molosos (se les llama así por su configuración craneal) los vuelven ideales para la ciudad."

"A la vista de todos es donde mejor se ocultan las cosas —continúa el también miembro de la Asociación Mexicana de Adiestradores de Perros—. En casi cualquier parte de la ciudad se puede montar un 'cajón'. No es un asunto de gente marginal, los profesionales se sienten orgullosos de su actividad, igual que los ganaderos de toros de lidia. Restaurantes, discotecas y residencias particulares se llenan de gente 'respetable': políticos, comandantes de la policía, artistas. A México vienen españoles, estadounidenses y chilenos a competir por cantidades muy fuertes. ¿Quién les va a prohibir que vengan con sus animales si cumplen con las normas fitosanitarias?"

En los hechos, una pelea de perros no es más sangrienta que una de gallos o una corrida de toros. Es nuestra percepción de la crueldad lo que vuelve más condenable a una que a las otras. A diferencia de los toros, mermados en sus capacidades aun antes de salir al ruedo por el estrés, pérdida de peso, diarrea y en ocasiones los buriles limados, los perros llegan al cajón en inmejorables condiciones de salud. Pelean contra un igual en peso y edad y no son castigados con espadas, banderillas y lanzas. Tampoco llevan amarradas navajas. De la misma manera, su dueño pactará desde antes hasta qué nivel de desgaste llevará a su animal y, de preferencia, evitará su muerte. Gallos y toros no gozan del afecto y compenetración con sus dueños como ocurre con un perro; sin embargo, la mentalidad es la misma entre los criadores: sus animales están hechos para morir en combate.

Los europeos han acuñado un término para el espectáculo: cinomaquia. En México a los criadores de perros de pelea se les llama "piteros" en referencia a la raza monarca. "Pitillero" es quien solamente los cría. Los hay en ambas categorías. Dependiendo de su importancia se programan los "quitones" (combates). Un criador y su perro ganador pueden representar un barrio, una ciudad o un país. Todo esto deriva en circuitos exclusivos, donde el sadismo es pasatiempo de gente adinerada.

No es raro escuchar historias de ejemplares que mueren desangrados luego de ambos permanecer horas con las fauces trabadas del cuello del otro. Ni amputándoles una pata sueltan a su presa. La resistencia de estos perros los puede llevar a combatir hasta dos horas gracias a su anormal tolerancia al dolor por heridas mortales. No existe otro animal sobre la tierra capaz de igualar al Pit bull. El instinto de conservación hace que todos los animales, cuando van perdiendo un combate con otro ejemplar de su misma especie, se retiren o rindan. El dominante tiene mecanismos innatos que lo frenan instintivamente ante determinadas pautas de comportamiento del vencido. El Pit bull no. Según los expertos, el poder de las fauces de un Pit bull equivale aproximadamente a trescientos kilogramos de fuerza de presión. Todo ello forma parte de las tradiciones, mitos, leyendas y rituales menores que sazonan la cotidianidad de subculturas emergidas de los linderos de lo proscrito. Pero la esencia del espectáculo está en la adicción a desahogos paroxísticos.

V. Al filo de la medianoche en las afueras de una bodega, la penumbra silente se presta para sospechar de quien sea (por algo le pasó lo que le pasó). Dentro hay veinticinco personas repartidas alrededor de seis perros. La entrada es gratuita porque es una reunión casi informal entre aficionados. Al final de un patio oscuro hay una puerta de acceso a través de un pasillo angosto por donde van y vienen sujetos como rebotados por la estridencia de la música en el centro del cajón y el tufo a orines de perro, trapo y humedad.

Usualmente, en combates profesionales los perros llegan a los encierros desde una noche antes para pesarlos, comprobar su edad, bañarlos con agua o leche y así evitar que se les unte en la piel cualquier clase de veneno o que lleguen cafeinados. Han sido alimentados con semillas de girasol que ayuda como coagulante. Además un veterinario les aplica un *antidoping* tomando muestras de saliva. En esta velada, carente de tales previsiones y servicios de emergencia, los invitados admiran y evalúan a los gladiadores como si estuvieran en una feria o en el galgódromo. Los arneses y correas de grueso cuero y estoperoles recuerdan el origen medieval de la competencia, pero hay un arnés que sintetiza el lenguaje de los tiempos: parece un chaleco antibalas adaptado a la fisonomía de un Rotweiler. En total hay dos Pit bull, otro Rotweiler y dos cruzas dignas de las teorías lombrosianas del asesino nato: apariencia amenazante y desproporcionada, pelaje moteado y crespo, rabos torcidos y mirada estúpida. Se medirán contra alguno de los orgullosos pura sangre.

Se respeta una máxima dictada por la experiencia: entre chuecos no hay derechos. Y con honorabilidad hamponil se respaldan las apuestas, aun las de quienes no van más allá de simpatizar con un perro ya sea por su aspecto, fama o porque es de un amigo. Todo depende del dinero, la especialización de los criadores y el récord ganador de los combatientes.

Nadie tiene pinta de sospechoso más allá de lo que podría tenerla cualquier mexicano de bajo nivel socioeconómico. Como parte de una misma tropa, el cuadro clínico correspondería al del hampón abúlico, es decir, expansivo, ocurrente y sentimental, con códigos de lealtad sostenidos por el temor a la fuerza del otro; hábil para aprender las minucias de su entorno tracalero y egoísta. De pronto parece triste. Algo recuerda, algo lo culpa, alguien le recrimina.

Los dueños de las letales quimeras menospreciadas de antemano, apuestan algo más que dinero o una camada de los pura sangre: al fracaso de sus cruzas, o a que si éstas sobreviven, retirarlas como pies de cría y así proseguir con su lenta depuración darwinista de bastardos cada vez más feroces e imbatibles.

Dentro del ambiente, algunos gladiadores reciben un indulto. Abandonados a su suerte y fortaleza, sobreviven por algún tiempo con los riñones deshechos, causando lástimas, hurgando en basureros o adoptados por vagabundos, vigilantes o malvivientes hasta que llega la época de celo, si es que antes no los ataca otro perro bravo. Entonces su instinto carnicero renace y, ante la sorpresa de propios y extraños, descubren su pasado. No faltará quien los envenene si es que no mueren a pedradas, de un balazo o de las mordidas de su último combate.

VI. El dueño de Diablo, un hermoso Pit bull azabache, se hizo del rogar durante semanas antes de aceptar el reto de otro pitero. Se conocen desde la secundaria y han mantenido de lejos su rivalidad.

Resulta comprensible la algarabía en el garito improvisado: todos ganan, aunque pierdan. En general, se juegan de doscientos a mil pesos, una camada por venir o un perro que no está en competencia esa noche. Casi espontáneamente los asistentes se cierran combados alrededor de los perros, que babean jadeando como asmáticos mientras los contienen de los cuartos delanteros. Momentos antes, bajo la supervisión de un representante del bando contrario, los perros reciben un baño con un chorro de manguera. Así se les acrecienta la ansiedad. Están deshidratados pues no han bebido agua durante días para evitar hemorragias incontrolables. Luego entran al palenque de espaldas para que no puedan verse. Pero el olfato no falla, saben para qué están ahí.

VII. La derrota será aceptada y las apuestas pagadas sin altercados. Algunos sujetos desearían que su reputación se equiparara a la de las bestias o sus dueños. Entre todos se reparten la cábula, el chupe, los cigarros y los insultos a los perros. Por una ventila en lo alto de un muro se filtran resonancias esporádicas de coches y sirenas. Esto pone en alerta momentánea la actividad en la bodega. La función anuncia a El Paco contra el Mochorejas, Miky contra El Beny y la estelar, a muerte: Diablo contra Tyson.

A una orden del árbitro los perros son encarados, cada uno en su esquina. Al mismo tiempo se apaga el sonido a la mitad de un *rap* del Cártel de Santa: *Dónde están perros/ quiero verlos saltando/ Denme más perros/ quiero verlos gritando/ Quiero más perros.* La explosión de furia apenas y da tiempo para que los gritos se fundan con los esfuerzos de los piteros por contener a sus fieras, retenidas de la piel del cuello. Lo que sigue es un remolino de sadismo espeluznante. Hombre y fiera emparejados con sus atavismos.

VIII. El dueño de Diablo ha traído dos de sus cachorros para apostarlos o venderlos. Se apoya en el récord invicto del semental. La madre aún no está lista para regresar a los encierros. El pitillero trae plastas de fijador en los mechones puntiagudos, teñidos de rubio y echados hacia atrás como si soplara un huracán. Fuma un cigarro tras otro. En la muñeca derecha luce un cronómetro negro de los que usan los deportistas extremos. Como a cualquier ganador, lo rodean lambiscones circunstanciales. Su novia aporta una emoción extra. Es la única hembra a la vista y presume sus curvas bajo una enorme chamarra negra abierta con capucha de Los Raiders de Oakland; es morena y ha estilizado su maquillaje, facciones y peinado igual que una *bishōjo* de *hentai* japonés. Un *piercing* en el ombligo asoma arriba de un entallado pantalón a la cadera. Altiva, sostiene en el regazo las crías. Ambos machos tienen un mes de nacidos. Uno atigrado y uno negro con el pecho blanco. Sólo ellos han recibido caricias o halagos. El padre irá por su quinta victoria.

Los combates previos no durarán más de una hora. Hay breves descansos acordados para que los perros recuperen fuerzas y se les limpie con agua las heridas. Son destrabados cuidadosamente de la parte posterior de las mandíbulas con un cuerno de chivo o una cuña de madera del tamaño de una estaca. Así se evita romperles los molares trabados cuando se niegan a soltar. Al final, rengos y con colgajos de pellejo y sangre coagulada, recibirán como primeros auxilios alcohol, mertiolate, aspirinas, limpias con trapos y reanimaciones enardecidas. Entre una pelea y otra hay treguas que parecen interminables en lo que se pagan las apuestas, se alista a los próximos contendientes, se diagnostica el estado general de los heridos y se verifica el orden dentro y fuera de la bodega.

Los gruñidos frenéticos, con baba espumosa y el griterío ahogado apoyando al favorito, aíslan la lucha por la vida en un cerco de furia donde nada fuera de éste importa. De ahí la cautela preliminar. No hay miedo, titubeos o gemidos de dolor. La furia homicida se refleja en los ojos saltones. Las armas dentadas buscan el hocico, las patas y el cuello. El agotamiento de alguno de los contendientes define el rumbo de la pelea. Alguien parece mordisquear un enorme caramelo macizo. Son huesos que se quiebran.

El árbitro permanece atento para declarar el final. En casi tres horas han habido sangrados como para rellenar las caguamas vacías, pero a la mano, por si acaso. El ruedo manchado de rojo explica parte de la pestilencia de canales y baldíos no muy lejos del garito improvisado.

Cualquiera se preguntaría si en la sangre de algunos de los asistentes no circula algo más que adrenalina. Su comportamiento parece aletargado o con una ansiedad similar a la de los perros.

Regresa la estridencia musical, ahora de una plañidera banda norteña para darle un respiro a la concurrencia que espera el plato fuerte. En grupillos se comentan los detalles. Alguien propone seguir la pachanga en un téibol de Iztapalapa luego de la función.

La *bishōjo* guarda los cachorros en los bolsillos de la chamarra y ahora sigue el último combate pegada al novio, que azuza a Diablo. Ella no pierde detalle de las fauces y empuje que han puesto de costado a Tyson, una enorme cruza leonada y patilarga parecida a un mastín de reacciones mecánicas, como accionado torpemente a control remoto, incapaz de contrarrestar la agilidad del azabache. El pelaje de Tyson toma un tinte marrón lustroso con el sangrado que le brota casi todo del cuello.

—Ése, deme chance de separarlos —grita el dueño, sin doblegar su orgullo.

—Te chingas, ya habíamos quedado —contesta sin aspavientos el galán apretando el cigarrillo en la comisura.

Van de por medio dos mil pesos o los cachorros. Pero es el ímpetu asesino lo que no deja lugar a la conmiseración.

Rojo Loreal

México, 2006, año de elecciones presidenciales. Durante un sexenio el país experimenta un periodo de desquiciamiento progresivo. La corrupción, la delincuencia y el crimen organizado lo convulsionan y la capital parece su epicentro: una ola de homicidios de ancianas se presta para toda clase de conjeturas y exhibe la desconfianza ciudadana en las autoridades judiciales.

La noche del martes 17 de enero, en Perú 77, en el corazón del Centro Histórico de la ciudad de México, la función de lucha libre en la Arena Coliseo es una irresistible oportunidad de sacudirse la presión de la debacle social. Místico, Pierroth, Arcángel, el Loco Max, Olímpico, el Negro Casas y el Tarzán Boy libran otra batalla entre el bien y el mal, técnicos contra rudos. A todas luces el espectáculo permite distinguir los bandos y resulta más entretenido que las *vendettas* entre narcos y las de los partidos políticos previas a las elecciones del seis de julio.

Los encabezados de los principales diarios de la ciudad

dieron otra muestra del turbulento escenario. El procurador general de la República, Daniel Cabeza de Vaca, en su comparecencia en la Cámara de Diputados, afirma que Arturo Montiel Rojas no está "exonerado" de posibles delitos federales de carácter fiscal o financiero, luego de que la Procuraduría General de Justicia del Estado de México determinara no fincarle responsabilidades por enriquecimiento ilícito.

Por separado, el gobernador del Estado de México, Enrique Peña Nieto, se dice "satisfecho" por las conclusiones de la procuraduría y la contraloría estatal sobre el caso Montiel Rojas.

Ese mismo 17 de enero, el presidente de la Comisión Nacional de Derechos Humanos, José Luis Soberanes Fernández, critica la ineficacia e incapacidad de las autoridades para afrontar el problema de la inseguridad pública en el país, pues "sigue siendo un compromiso inconcluso" del gobierno foxista que condena a la frustración a por lo menos una de cada cinco de las víctimas de los delitos cometidos. El ombudsman presenta un detallado informe al procurador general de la República donde expone que, a pesar de que en los últimos once años el presupuesto para atender la seguridad pública en el país aumentó casi cincuenta veces, la inseguridad se hizo más grave. Soberanes da a conocer que entre 2002 y los primeros ocho meses de 2005 se cometieron en promedio once mil 770 delitos diarios, pero que sesenta y siete por ciento de ellos no fueron denunciados. Lo peor es la escalofriante cifra negra en ese mismo lapso: las estadísticas oficiales reportan cinco millones 185 mil 533 delitos denunciados ante el Ministerio Público; sin embargo, los no reportados son más de diez millones 528 mil. De acuerdo con el INEGI, entre 1980 y 2000, el número de presuntos delincuentes del fuero común aumentó ciento veintitrés por ciento, mientras que la población sólo lo hizo cincuenta puntos porcentuales. Al mismo tiempo el número de delincuentes que infligen lesiones a sus víctimas creció setenta por ciento.

Para contribuir al desconcierto de la población, la Secretaría de Seguridad Pública del Distrito Federal en su página de internet exhibe la fotografía de Elizabeth Coca Padilla, de veintiocho años de edad, quien haciendo honor a su apellido en cuatro meses fue detenida en tres ocasiones en posesión de veintiséis grapas de cocaína. Pese a que Coca Padilla es reincidente, ha sido puesta en libertad por el Ministerio Público Federal.

La lucha infructuosa contra el crimen organizado, la propagación incontenible del ambulantaje en la capital del país (se calculan alrededor de noventa mil puestos callejeros tan sólo en el Centro Histórico) y la impunidad son noticias de todos los días. Ante tal escenario la rabia y la frustración encuentran válvulas de escape bajo la aparente pasividad y embotamiento generalizados.

Quizá por ello la multitud en la Arena Coliseo ese martes 17 de enero no se percató de que, parada delante de su butaca de la primera fila, una luchadora aficionada de cuarenta y siete años mantenía viva la ilusión de convertirse en ídolo. De haberla reconocido, el público habría exigido que la despojaran de la "máscara", la habría abucheado y quizá hasta linchado por rudeza innecesaria contra sus, por lo menos, dieciséis adversarias en los últimos seis años. Aquello no hubiera sido nada extraordinario en una ciudad donde impera la ley del talión.

A no ser por la corpulencia y estatura hombrunas de la villana, sus rasgos faciales, el peinado y tinte de cabello rojo Loreal, son comunes a cierta clase de mujer de extracción popular reconocible en las calles de la ciudad de México. El tinte había sido popularizado por una de las estrellas juveniles de la telenovela *Rebelde*. El peinado corto y discreto que identifica a las monjas, enfermeras y meseras de cadena de restaurantes, podría entenderse como la manifestación de una sexualidad reprimida o frustrada, a veces por motivos laborales.

De chamarra roja y pantalón de mezclilla, la mujer acompañada por un sujeto de identidad anónima hasta hoy, apoyaba eufórica a los rudos. Leopoldo Díaz de León, reportero de Fuerza Informativa Azteca, aprovechó un intermedio para acercarse.

—Señora, permítanos un minutito, es una entrevista para la televisión —solicitó mirándola hacia arriba.

—Sí, cómo no.

El camarógrafo alistó el equipo para iniciar la grabación entre el inmediato amontonamiento de curiosos. Warholiana intuitiva, la masa siempre estará al acecho de la efímera celebridad mediática.

—¿Cómo se llama, señora? —preguntó el reportero alzando el micrófono a la boca de la entrevistada de estatura descomunal.

—Yo soy Juana Barraza Samperio.

—¿Cuánto tiempo tiene viniendo a las luchas?

—Bueno, viniendo tengo aproximadamente diez años, pero aparte de eso me dedico a la lucha libre.

Pensó que era una buena oportunidad de autopromoverse. Mirando alternadamente al ring y al graderío respondía desinhibida y feliz por haber llamado la atención de la cámara. Era el primer paso a la fama. Fantaseó su próxima entrevista luego de derrotar a Martha Villalobos o a alguna otra luchadora consagrada del bando de los técnicos.

—Ah, perfecto —continuó sonriente el reportero que, como la mayoría de los capitalinos, no había puesto atención al retrato hablado que la Procuraduría de Justicia del Distrito Federal había difundido desde septiembre de 2005 en los medios de comunicación, en las ventanas de las patrullas de las policías judicial y preventiva, en algunos centros de trabajo y dependencias de gobierno. De cualquier modo, los mil carteles tenían el mismo error en la filiación del "sospechoso". Se solicitaba mediante recompensa, la participación ciudadana para dar informes sobre un presunto homicida de ancianas.

—Explíquenos nada más —insistió el enviado—: ¿cuál lucha es mejor, la mexicana o la de Estados Unidos?

—Pues... para mí, la mexicana —respondió convencida, pese a que sus emociones se dividían por aparecer en televisión y el pronto inicio de la siguiente lucha.

—¿Por qué?

—Porque hay reglas, y en Estados Unidos no. En Estados Unidos son muy extremos.

—Pero la lucha de Estados Unidos como que mete más gente, ¿por qué será?

Ante la insistencia, Barraza fue más elocuente:

—Por lo mismo de que como son más extremos, tonces mete más gente, porque les gustan las acciones duras. Y allá muchas veces pues no se miden las consecuencias y lo que es aquí en México, sí. Sí salimos lastimados y todo eso, pero a cierta... distancia.

—¿Ruda o técnica?

—Ruda de corazón.

—¿Y dónde es más ruda, aquí o en casa?

La villana rio maliciosa, como quien está a punto de confesar una íntima debilidad de carácter.

—Ah, pues en los dos lados.

—¿A quién apoya?

—En la casa, a los hijos.

—¿Y aquí?

—Aquí, pos... a los rudos y al pretendiente.

En cadena nacional el noticiero de TV Azteca mostraba otro ejemplo de la esencia desparpajada y noble del pueblo, de sus gustos ligados a una creencia sobrenatural en el bien y el mal. Una mujer madura, sencilla y hogareña que, al igual que millones de televidentes, se sobreponía al acoso de la pobreza y la falta de empleo divirtiéndose sanamente acompañada de su pareja. El anunciador de la arena comenzaba a presentar la siguiente tanda de contendientes y las porras y abucheos apremiaban al reportero:

—Aficionada de hueso colorado —gritó, afirmando.

—Sí, de corazón.

—¿Quién es el hombre que más jala a las mujeres?

—Pues... Tony Rivera y Místico.

—Muchas gracias.

—De nada.

Como fondo, rayos de luz multicolores y la energía paroxística del griterío enalteciendo a los gladiadores. Una descarga de adrenalina recorrió la sangre de Juana Barraza. Sudaba a chorros. Eran ella y sus circunstancias conectadas eficazmente con su yo oculto y el histrionismo indispensable en la lucha libre y, sobre todo, para camuflar su identidad proscrita. Sus disfraces funcionaban, se dijo excitada. Tenía por costumbre cortarse el pelo y teñirlo cada quince días. Semanas atrás se dirigió a la estética Daniell's, en Izcalli, municipio de Ixtapaluca, en el Estado de México. Era de noche y el local estaba cerrado, pero Barraza tocó insistentemente a la puerta pues también era el domicilio de Irma González, estilista conocida suya, quien accedió a atenderla. Barraza lucía el pelo chino y teñido de negro. Pidió que se lo dejaran lacio y rojo, como más le gustaba usarlo. Su pretendiente la había presionado: "Como lo traes ahora te ves más ruca". Según la estilista, su clienta justificó la prisa diciendo que debía cambiar de apariencia otra vez para que no la reconocieran en la lucha libre.

Mirando al cuadrilátero, la villana anónima se quedó pensativa. Valía mucho más que las tres caguamas por las que su madre la cambió con un hombre a los trece años. Valía mucho más que cualquiera de los presentes, ninguno era capaz de aparecer en público y burlar a la policía que, desesperada, perseguía el rastro de un presunto multihomicida andrógino. Hasta ahora "el doble mecanismo de la muerte" le permitía *actuar*. Así definió a la inmovilización y posterior muerte de la víctima el médico legista francés Paul Brouardel a finales del siglo XIX.

¿Cuántas veces en su vida le habían dado las gracias por hablar de sí misma? Se sintió redimida, poderosa. Impune. Era un fugaz momento de gloria. Opinando sobre su afición y preferencias proyectó su doble personalidad y pulsiones en esos enfrentamientos contra ancianas indefensas donde ella, Juana Barraza Samperio, La Dama del Silencio, dejaba un rastro misterioso de estridencia depredadora.

Bienvenidos a ciudad Plantón

Pancartas, volantes, videos y tendederos repletos de exvotos predican el evangelio y viacrucis del santo que desplazó a san Judas Tadeo, el de las causas difíciles: "Andresito estamos contigo, tú serás nuestro presidente". Es un mano a mano con los altavoces que reproducen rock, corridos, trova, música vernácula y de protesta, arengas maratónicas y opiniones espontáneas a micrófono abierto defendiendo La Causa. El connubio entre el derrotismo histórico de la izquierda y el pensamiento mágico del "pueblo bueno" militante, se manifiesta a lo largo de su campamento de inconformes por los resultados de la votaciones, en carteles y mantas que insultan y caricaturizan a los demonios del fraude electoral de 2006, de la "traición a la democracia". Los devotos del niño Andresito preparan la inminente beatificación de su mártir.

En sí, el cierre temporal de vialidades no es mala idea. En Bogotá, los domingos y días festivos la alcaldía cierra el tráfico vehicular en la Carrera 7, una de sus dos avenidas más importantes, para que la gente disfrute de un corredor peatonal, deportivo y artístico. Pero en el D.F. se busca el récord Guinness de saboteo permanente al libre tránsito.

De Reforma, a la altura de Mariano Escobedo, hasta donde termina la avenida Juárez, se vive una tranquilidad que invita al vagabundeo reflexivo. Es como si en un territorio ocupado luego de una cruenta batalla de dimes y diretes únicamente quedara hacer el recuento de los daños. Sólo caminando se puede uno adentrar en la ciudad. Y en este caso, conocer un poco más de un líder político que luego de un mitin en el Zócalo convirtió a la Ciudad de la Esperanza en la Meca de los plantones.

Esta refundación ha despertado acalorados debates donde ya quedó de manifiesto que aquí lo que menos cuenta son los intereses de la mayoría. La tradicional incivilidad en la ciudad de México refleja tantas afecciones que todo lleva a pensar que nada ni nadie podrán salvarnos. Pese a sus pretensiones posmodernas, visibles en la imparable construcción de torres de negocios, centros comerciales y exclusivos condominios habitacionales, los capitalinos tenemos categoría de pignorantes en el territorio donde la ley es boleta de empeño.

Escindidos por un mundo a la *Blade Runner* y otro a la *Pedro Páramo*, tenemos que resignarnos a que la mentada "construcción de la democracia" esté llena de grietas y goteras. Al pie de los posmodernos palacios de Reforma y de sus ancestros, en Madero y el Zócalo una peregrinación de legionarios perredistas montó un túnel del tiempo hacia la historia de la debacle nacional.

Para medir el grado de sensatez de los capitalinos hay que preguntarles cómo sobrellevan su desgracia. Por si alguien no se había dado cuenta o se obstina en negarlo, la ciudad de México (el país entero) debe mucha de su grandeza a las calamidades, la ineptitud, la soberbia y el agandalle.

El 30 de julio comenzó el plantón más grande de que se tenga memoria (corta, por cierto). La coalición por El Bien de Todos (ellos) partió la ciudad en dos. Los inconformes con los resultados de las votaciones presidenciales del 2 de julio de 2006 están dispuestos a seguir a su "rayo de esperanza" hasta las últimas consecuencias. Es, afirman, "la lucha del pueblo bueno" contra "la siniestra conspiración de fuerzas corruptoras". No hay otra verdad admisible ni lugar para quienes, por los motivos que sean, creen que "el bien de todos" es un logro colectivo y laico, nunca atribución de un partido político.

Mucho me temo que estamos condenados a permanecer indefinidamente como convidados de piedra a la más trepidante manifestación de inoperancia y terquedades que ha convertido al país en una caja china de infortunios.

Al igual que millones de capitalinos me involucré a la fuerza en el plantón, pues la inmobiliaria donde gestioné (en mala hora) la renta de un departamento en pleno centro, está en Mariano Escobedo, a dos calles de Reforma. El 2 de agosto recibí las llaves de mi departamento y recorrí por primera vez buena parte de la vialidad ocupada por los perredistas. Al llegar a lo que sería mi nuevo domicilio, en la esquina de Independencia y Luis Moya, me detuve a observar el funcionamiento de una grúa de construcción en un enorme terreno a media calle de avenida Juárez, ocupada desde muy temprano por los plantonistas. De inmediato recordé los campamentos de damnificados del terremoto de 1985.

Sonríe, ya ganamos

Lo que más asombra es la inercia en el plantón en contraste con la eficiente brigada de barrenderos del gobierno local. Semejante servicio es un privilegio que pocos ciudadanos gozan.

Como en sesiones a la Pare de Sufrir, se repiten las mismas arengas, insultos contra el enemigo y argumentos en favor del voto por voto, casilla por casilla. Hay micrófono abierto para quienes desean reiterar su fervor al Peje, sesiones de yoga y pláticas de autoayuda. En la glorieta de El Ángel, el campamento del Movimiento Democrático Nacional anuncia en un cartel: "Movimiento x el bien de todos con una visión cósmica, la mujer dormida está dando a luz. Domingo 13 de agosto, ponente: Gustavo Cristóbal Seol". Ahí mismo, mexicanistas con penacho hacen limpias y soplan caracoles para invocar a lo que debe ser un *Quetzaljipi* a través de un sofisticado equipo de sonido.

Algo similar ocurre por toda la zona ocupada. Panfletos, volantes partidistas y monitores de televisión repiten el video del canal 2 de Julio sobre el fraude electoral de

1988. Pero sin duda el taquillazo del plantón en permanencia voluntaria es la película de Luis Mandoky: *Quién es el señor López*. A estas alturas no creo que haya nadie que no lo sepa. Bajo los toldos se aprecia una nutrida audiencia que mira arrobada en las pantallas la lucha entre el bien y el mal. Freud diría que es el consentimiento pasivo de quien busca un padre transfigurado. Ya lo escribió Mariano Azuela refiriéndose a *El Zarco*, de Altamirano: "¿Esos monstruos no pertenecen acaso a la clase abnegada y sufrida, a esa carne de cañón que tan bello material da a nuestros oradores cívicos?"

Pareciera un homenaje a Ismael Rodríguez. Entre nosotros los pobres abundan las Chorreadas, las Chachitas, las Guayabas, las Tostadas y los Camellitos unidos en su fervor a Peje el Toro. *Andrés López Obrador no tiene tentación de un roboooo*, reproducen a todas horas los altavoces, principalmente de avenida Juárez al Zócalo. El arreglo interpretado por Eugenia León encabeza el *top ten* del *revival* folclorista.

Abunda la vendimia. El Peje sacralizado o *chespiriteado* en un logo fusilado al Chapulín Colorado, se vende en playeras, tazas, llaveros, muñecos, videos; acapara carteles donde enfrenta a sus enemigos acérrimos. "Lo que necesita el país es un presidente con autoridad moral y política para iniciar la transformación de México." No hace falta decir a quién alude esta frase. Ni enardecida ni apagada, su grey deja pasar las horas mientras llega el momento de recibir a su rayo de esperanza en la homilía de las 7 pm, en el Zócalo.

Los niños del plantón no tienen de otra más que pasar sus vacaciones de verano jugando cascaritas de futbol rápido en canchas improvisadas, trepados en juegos de feria o aprendiendo manualidades. Por si a alguien le interesa, en el campamento de Marcelo Ebrard, a la altura de la Diana, ofrecen un taller de matemáticas electorales. Los plantonistas están dispuestos a ofrendarse en sacrificio, impelidos por un ingenuo culto a su héroe, por seguir a quien el campamento del Consejo Popular Cívico de Iztapalapa nombra en una gran pancarta: "AMLO, comandante en jefe de las Fuerzas Armadas de México".

—Andrés Manuel es un figurón, no hay quien lo doble —afirma en el Zócalo un creyente al término de la asamblea anterior al dictamen del TRIFE.

Una tromba y un temblor parecen presagiar malos tiempos para la causa, pese a que luego del chubasco el sábado 5 de agosto el cielo se abrió como para preparar, bajo un tibio atardecer de cielo azul, la aparición puntual del Mesías. "A ese hombre lo siguen los *probes* como a un dios porque a su sombra despierta el descontento de los de abajo y nace el miedo de los encumbrados." Así define a Zapata un personaje de *La negra angustias*, de Francisco Rojas González.

Ricos y pobres siendo profundamente religiosos apelan a santos diferentes para dirimir sus antagonismos. Cada uno a su modo apoya su cruzada hasta la ignominia. En un "cine popular" instalado casi al final de Madero se proyecta una película sobre el Arca de Noé (palomitas gratis).

Compactas hordas de ingobernables se enorgullecen de su resistencia pacífica pero bravera. De pronto brotan los bostezos. El tedio también juega su papel. Sorprende la venta de libros de la editorial Progreso: Marx, Engels, Lenin, Mao, Zapata, Villa. Desfilan menesterosos e indigentes atraídos por el plantón y sobre todo individuos de ambos sexos cuya obesidad parece desmentir que somos un pueblo hambreado.

La terraza como barricada

Contacté a Alejandra Fraustro, coordinadora de actividades culturales del plantón. El jodido a todas va y supuse que de algo me habría de servir. Había pasado algunas horas deambulando entre los comedores comunales gratuitos y algunos establecimientos cercanos a Madero y el Zócalo. La afluencia de parroquianos en cantinas y restaurantes era bastante nutrida. Resultaría complicado explicar la radicalización del conflicto a partir del hambre y el desempleo, pues siendo un país de mayoría pobre, la ciudad esta repleta de tripones. Atribuiría a nuestra alimentación el desquiciamiento generalizado. Es un factor de desequilibrios emocionales y terribles transformaciones corporales radicales. Las bebidas azucaradas, las fritangas y maruchans entre otras *delicatessen* de bajo perfil, están cobrando su impuesto a la salud del pueblo, por más que abunde el maíz como materia prima de su dieta.

Ese mismo día, en el templete del Zócalo uno de los animadores de las tandas musicales convocó a la feligrecía reunida a construir campamentos de ladrillo en caso de que el TRIFE, en su resolución del día siguiente, no aceptara el recuento de voto por voto, casilla por casilla. Llamaron mi atención dos imponentes grúas japonesas que desde el inició del plantón sostienen en lo alto el equipo de sonido. Ahí tenía una visión dantesca del socialismo real: Conjunto Habitacional AMLO. Edificio Lenin, Edificio Mao, Edificio Jesusa, etcétera.

Me reuní con Alejandra Fraustro en la terraza del restaurante Las Sirenas, atrás de catedral. Mientras me informaba de las actividades y propuestas de los artistas simpatizantes, ocuparon la mesa contigua Jesusa Rodríguez, Isela Vega y tres mujeres más que no reconocí. Poco después se nos unió Daniel Giménez Cacho, que de inmediato pidió una Michelada y una botana de chicharrón con guacamole. Traté de recordar alguna de sus películas. Es un gran actor pese a mi mala memoria.

Hasta el agradable refugio de cantera, sombrillas, meseros solícitos y gastronomía típica subían los ecos del tráfago callejero. Arden las calles y los pobres encorajinados están decididos a faltarle al respeto a quien sea, pero no aquí, pensé. Mi contacto puso sobre la mesa dos celulares que no paraban de sonar. De pronto habló con alguien en italiano. Jiménez Cacho, acalorado, daba sorbos a su bebida. No encontré mucho qué preguntar en un ambiente que no admitía suspicacias. Le propuse al actor hacerle llegar una de mis novelas: "Quizá te interesaría hacer un monólogo", dije para tantearlo luego de hacer una torpe sinopsis debido a mi asoleada y a las ganas de una cerveza, pero en otra parte al alcance de mi contestatario bolsillo. "Sí, cómo no, házmelo llegar con Alejandra", respondió Giménez Cacho, condescendiente. Nuestros vecinos de mesa departían alegres mientras brindaban con tequila. Alejandra Fraustro se comprometió a proporcionarme un calendario de actividades culturales, que luego agradecí que jamás llegara a mis manos. Ya con su botana sobre la mesa, el actor le pidió al mesero llevarla con sus amigas, me dio la mano y cambio de mesa. Isela Vega lucía jovial. Era un regresión viviente de mis pintas de secundaria en cines de piojito con programa doble de encueres. No dudé de su identificación con el pueblo.

Me despedí de Alejandra y del mesero, que seguía esperando a que pidiera algo de la carta. En la cantina El Nivel, a un costado de Palacio Nacional, me dieron una botana digna de los comedores del plantón: sardina en aceite con galletas, carne de cerdo en salsa verde y muchas tortillas. Al regresar al Zócalo de camino a casa me topé con un veterano de la revolución interrumpida.

EL SEÑOR DE LOS DESPOJADOS

Es un ejemplo del México rural, pobre, predominantemente indígena, anclado en la agricultura de autoconsumo, con carencias no paliadas de todo tipo. Sostiene una lucha contra el México que se pretende moderno, urbano, integrado a la globalización, con prosperidad primermundista. En su actitud no hay indicios de miedo o desfallecimiento; está más que resuelto a morir en la raya sin amargura ni malicia.

De 78 años de edad, Eleazar Ordónez es ejidatario de San José Corral Blanco en Chinahuapa, Puebla, donde nació. Cuenta que un cacique lo despojó de casi toda una parcela que heredó en 1936. No sabe cuánta tierra perdió "pero fue mucha, más que esto", y señala en círculo a la plancha del Zócalo. Para evitar la pérdida total de su propiedad se instaló ahí, muy cerca de una presilla que asegura haber construido él mismo. Su esposa murió hace cuarenta años. Tiene dos hijos casados. Viven en Iztapaluca, uno enfermo de diabetes, el otro, trailero, viaja mucho y casi no lo ve.

Don Eleazar nunca dio su tierra a trabajar pese a que perdió el brazo izquierdo hace quince años: uno de sus nietos caminaba delante de él en la parcela, sostenía la escopeta del abuelo y tropezó; al girar en la caída se le fueron dos tiros.

Vino por primera vez a la capital semanas después de las elecciones del 2000, pidió audiencia en los Pinos y como Fox no lo recibió se plantó junto al asta bandera del Zócalo, de donde fue desalojado. Dormía en los portales del Zócalo, en bodegas de Salto del Agua o de la calle del Carmen, atrás de Catedral. Poco antes del desafuero, un policía lo llamó para que hablara con AMLO, quien le dijo que no podía hacer nada por él, pues era Fox a quien correspondía ayudarlo.

—Al despedirse AMLO me dio sus cinco dedos en el saludo y se portó muy amable. Es una buena persona.

Las mantas sombrean el miserable campamento frente al ala oriente de Palacio Nacional. Permanece ahí desde el

22 de diciembre de 2005. Compró una lona en la Merced y organizaciones campesinas, también en plantón, le regalaron vigas de madera y le montaron un campamento que el viento destrozó. De nuevo con ayuda, armó otra covacha que ahora acorrala un centro de acopio, el CEN del PRD y el inmenso campamento del Partido Comunista Mexicano. La Navidad de aquel año la pasó solo: "No había nadie aquí y me fui a caminar. Terminé metido en la Catedral hasta que cerraron después de la última misa". Desde entonces se sostiene de limosnas que recibe en un bote de las Chivas y almacenando en su tienda mercancías de vendedores ambulantes que le pagan entre cuarenta y cinco y sesenta pesos diarios y le regalan cigarros sueltos.

Comía por quince pesos en las fondas detrás de Catedral, pero al dar inicio el plantón acudió a los comedores gratuitos. Aunque con tanta gente ya no quiere alejarse mucho de su "changarro" porque le robaron una mochila nueva con su ropa. Andrajoso y metido casi siempre en su campamento maloliente de espaldas a la entrada, no posee más que una colchoneta donada por una cadena humana de egresados del Politécnico.

No para de escribir cartas al presidente Fox con copia a la Procuraduría Agraria, a la atención de Isaías Rivera Rodríguez. En la dependencia de gobierno ya no lo quieren atender, según don Eleazar le dicen que perdió la razón, pues quienes lo despojaron de sus tierras han presentado títulos de propiedad que además comprueban la construcción de la presa, que costó dos millones de pesos. En sus misivas relata un saqueo a su casa y el robo de treinta borregos. En su pueblo levantó una denuncia por lo primero y nunca prosperó, de lo segundo "no me quedaron ganas, de todos modos ni aquí ni allá me hacen caso".

Asegura que el plantón perredista no le ha beneficiado, "si acaso por la colchoneta que usté consiguió". Cree que a él y a López Obrador les han hecho lo mismo: "Los poderosos siempre actúan igual, es como jugar con lumbre". Un sujeto cuyo nombre no recuerda, hace poco le ofreció ayuda legal, pero la rechazó: "Todo es pura corrupción". Al preguntarle por qué no aprovecha la presencia de AMLO en el plantón, argumenta que no sabe cómo pedir su ayuda: "Apenas sé darme a entender, no me acuerdo de muchas cosas y la verdad ya todo me da igual".

Sin embargo, piensa quedarse en el Zócalo hasta que lo reciba el presidente, pero si después del cambio de gobierno no lo logra regresará a su casa, buscará quien la limpie y seguirá trabajando.

LA MADRE DE TODOS LOS PLANTONES

En *Acerca de la pendenciera e indisciplinada vida de los léperos capitalinos* (Conaculta, 2001), Ana María Prieto Hernández señala que en los países de industrialización tardía y subordinada como el nuestro, la conformación de una masa de desempleados que viven en condiciones extremas de empobrecimiento, y la proliferación de un sinnúmero de actividades económicas escasamente productivas mediante las cuales esta población obtiene los medios de subsistencia, adquiere características particulares y magnitudes desproporcionadas.

El domingo 13 de agosto, durante la acostumbrada asamblea en el Zócalo, miembros del Campamento 2 de octubre distribuyeron carteles con la imagen de la virgen de Guadalupe sobre un fondo tricolor y la leyenda "La Madre de todos los Plantones". En el margen inferior izquierdo se representa una urna en el momento de recibir un voto con las iniciales AMLO.

López Obrador asegura que su causa está preparada para resistir "el tiempo que sea necesario, podríamos estar aquí por años, si así lo ameritan las circunstancias". Al parecer la amenaza de construir campamentos de ladrillo va en serio. "Disculpe las molestias, estamos construyendo la democracia."

¿Habremos de acostumbrarnos a los plantones y sus franquicias en todo el país? Yo creo que sí. A todos nos sale cara la desesperación, de eso no queda duda.

COLOFÓN

A cuatro años de haber escrito esta crónica (inédita debido a que el editor que me la encargó consideró que afectaba los intereses de algunos caudillos del "pueblo bueno", amigos suyos), sigo topándome con don Eleazar en las calles del centro. Ha levantado su campamento en el Zócalo y ya no trae su cartel con peticiones de ayuda. Ahora sólo mira, plantado como uno más en las jardineras de alguno de los corredores peatonales, la actividad callejera en el Centro Histórico cada vez más elitista, amenizada por estatuas vivientes y decenas más de pedigüeños, artistas y vendedores callejeros. No creo que haya perdido la esperanza. Su lucha tiene sentido donde todos nos sentimos despojados.

Ubicada en Río Churubusco y Canal de Tezontle, en la delegación Iztacalco, la secundaria forma parte de un archipiélago de urbanizaciones emergentes sobrepobladas de náufragos de la globalización al garete. El hosco paisaje de hormigón y adobe es seña particular de la zona. Frente a la escuela hay un Sanborn's y a unas decenas de metros, en los linderos de una unidad del Infonavit conocida como "Infiernavit", hay un Vips, una Bodega Aurrerá y pequeños negocios de comida y piratería que como rémoras sobreviven de lo que deja Plaza Río, donde los vecinos pasean sus ilusiones de bienestar. A un lado, en lo que fue un lago artificial desecado por el temblor de 1985, la delegación política rescató el terreno construyendo un conjunto deportivo.

"Nosotros no nos damos por vencidos", afirman los directores del turno matutino y vespertino respectivamente, Irma Trujillo y Miguel Antonio Vergara. Hay demasiado qué hacer en un plantel achacoso cuya arquitectura es afín con la idea de encerrar a los individuos y encauzarlos para hacerlos dóciles y útiles. Escuela, fábrica o prisión. Tú eliges. Entre las remodelaciones visibles luego de treinta y siete años de servicio está una prótesis de ladrillo de dos metros de altura y alambre de púas a la barda pintada de blanco y con publicidad del refresco Boing. Cuarenta computadoras esperan desde hace varios ciclos escolares a que el personal de mantenimiento de la delegación política termine las adecuaciones a la antigua biblioteca. En ésta y en la sala de maestros, un altero de cajas de libros aguarda a que ávidos lectores desempaquen el Programa de Fomento a la Lectura del gobierno federal. Los fríos laboratorios

nos en las áreas comunes de la escuela. No había nada más importante en esos momentos que alardear nuestra identidad: "Somos del 2º C", o la banda de nuestro barrio. Retadores y burlones, resistíamos intuitivamente la adversidad cotidiana. Nos recargábamos en muros, pasillos y balaustradas, o nos apropiábamos del patio bajo el pretexto de algún juego de pelota. El reto evidente a maestros, prefectos y los pocos alumnos bien portados tenía como complemento oír durante el descanso, por los mismos altavoces que nos ensordecían con los regaños del director, el himno nacional y oratorias durante las ceremonias cívicas de todos los lunes; rock "pesado" (El Tri, casi siempre). Esta "concesión" de las autoridades del plantel tenía como finalidad aplacar la animosidad en su contra por parte de los delincuentes, vagos y empleadillos en gestación, y evitar enfrentamientos entre grupos rivales. Además daba un aire de tolerancia a una escuela que poco se diferenciaba de un consejo tutelar. Con ello el director se ganaba a los líderes (algunos de ellos nombrados oficialmente "jefes de grupo"), que aprovechaban para negociar la aprobación de materias a fin de año o evitar suspensiones definitivas, con intimidaciones y delaciones que no pocas veces fabricaban culpables entre los estudiantes más mediocres y asustadizos. Las prebendas de la dirección incluían unos minutos más en el patio después del descanso largo y recorrer clases en caso de ausencia de un profesor para salir en estampida del plantel por lo menos una hora antes de cumplirse el horario regular. El uniforme caqui con corbata y riguroso calzado negro era modificado "entubando" (cosiendo) los pantalones de las perneras para entallarlos al máximo, recortando las mangas de la camisola por encima del codo y añadiendo dos o tres rebanadas de suela de llanta a los zapatos "punk" Canadá con plataforma plana de goma, popularizados en anuncios de televisión ("ponte suelas, ponte punk!").

Por su parte, una buena cantidad de mujeres, listas para entrarle al baile o al "trompón", a sus uniformes de una pieza rosas, azules o guindas según el grado, les hacían un dobladillo con seguros o broches de tal manera que se pudieran vestir a la altura de la rodilla en presencia de maestros y prefectos, y como minifalda una vez que sonaba la campana de salida. Los zapatos eran del mismo tipo (ventajas de la moda unisex); el suéter debía ir arremangado y las calcetas recogidas para destacar el "chamorro". Con sus variantes, al atuendo escolar de quienes formábamos parte de las bandas-grupos, era la extensión de un habla consistente en invertir las sílabas lo más rápido posible. El chiste estaba en la habilidad de encadenar frases largas. El tono alargaba la sílaba acentuada, haciéndolo aún más intimidatorio e incomprensible al escucha no familiarizado. "Moooosva dosto por el mooopo", "Ai neeevie el tooordirec", "tahori goooven", "tapres la machaaarra", "no se sepa de gaaaver" y etcétera, etcétera. Con orígenes muy parecidos, los franceses cuentan con el *verlan*, caló distintivo de la *racaille*, es decir, los inmigrantes jóvenes de la *Banlieu* (guetos suburbanos) desde hace por lo menos cuarenta años. En un momento dado, lo adoptaron *los otros* como algo chic hasta retornar a sus orígenes: la broza, conformada actualmente por los hijos de inmigrantes magrebíes y africanos. Todo esto es parte de la idea carnavalesca del mundo, según Bajtín, quien remonta a la Edad Media el poder transgresor del lenguaje vivo de los jóvenes.

En el caso de la ciudad de México, el populacho resiste creando una jerga irreverente que busca defenderse de la segregación con ágiles floretes verbales, apodos, sátiras, mojigangas. Ese hablar cantadito y siseante característico a la broza defeña, al valedor, al maic, al chido, al naco, a la banda, al hampón: al pueblo. Tal fenómeno comunicativo sirve para dar sentido a la realidad y encarar la existencia misma mediante expresiones culturales propias que se transmiten y adaptan de una generación a otra.

El caló cohesiona e identifica al clan, que de acuerdo a las circunstancias y en continua simbiosis con su hábitat, lo modifica, abigarra y enriquece. La jerga popular tiene nexos indisolubles con los bajos fondos, el universo penitenciario y delincuencial. La fuerza simbólica del caló adquiere un doble sentido: venganza y revancha, y otro, todavía más poderoso, de autoafirmación y conquista en ese mundo contradictorio y ambiguo de alineación y sumisión, de resistencia y liberación.

Como cualquier otra expresión cultural, el lenguaje de las bandas juveniles, subculturas o tribus urbanas (como quiera llamárseles) es complejo e inasible, y no puede separarse de su relación con otros fenómenos circundantes como la música, la influencia de los medios masivos de comunicación (sobre todo la televisión, el cine y la internet) y un abrumador universo delincuencial que influye en enormes espacios comunicativos y de consumo.

Lo que atestiguo ahora en la Lao Tse es un microcosmos de la realidad nacional de los últimos treinta y cinco años... y al parecer, de los que vienen.

Incomunicación con el mundo real

Desde el ciclo escolar 2004-2005 la secundaria cuenta con el apoyo de dos orientadoras sociales del USAER (Unidad de Servicios de Apoyo Educativo Regular). María Dolores Montelongo y Elizabeth Sánchez Hernández, quienes en su primera etapa de trabajo se enfocan principalmente en alumnos con más de tres materias reprobadas. "Estaríamos hablando de casi un cuarenta por ciento de las asignaturas (once o doce según el grado). No es tan grave el problema, pero existe. Hay factores de peso, como la apatía de los padres, malos hábitos de estudio y el ocio, pero el principal es la desintegración familiar." Ambas orientadoras se expresan con cautela, y sus rasgos severos parecen delineados por una labor extenuante, que en el caso de Montelongo, con dieciocho años de experiencia, es por jornada doble completada en una escuela de El Arenal, en Iztapalapa. "Ahí sí que hay problemas fuertes", asegura antes de decidirse a hablar con mayor libertad: "Para elevar el nivel habría que tener mayor intercambio de experiencias entre profesores, orientadores y alumnos desde preescolar, pues no se corrigen hábitos de estudio, tiene mucho que ver la manera en que el maestro conduce el aprendizaje, la interacción con el alumno y la aplicación de los recursos disponibles. No podemos evaluar con una tabla rasa pues las capacidades son individuales y habría que reconocerlas y potenciarlas, fomentar la reflexión y el compromiso, evitar las actitudes autoritarias y tomar en cuenta los cambios hormonales del alumno, decisivos durante esta etapa donde la televisión y los videojuegos los desubican. Pero, definitivamente, el núcleo familiar es determinante".

Es un mundo de violencia o de felicidad extrema que genera una enorme soledad e incomunicación con el mundo real. Según Sánchez Hernández: "La situación social nos rebasa. Los resultados no son cuestión de sexenios, es un trabajo a largo plazo".

Se trabaja para que la situación no empeore, los apoyos institucionales funcionan como diques para contener la crisis. Hay informes que muestran que al menos tres cuartas partes de los jóvenes capitalinos entre los quince y los veintinueve años padecen graves problemas de marginación, deserción escolar, desempleo o que ni estudian ni trabajan. La tasa nacional es de veintidós por ciento. La llamada generación "Ni Ni", que suma alrededor de siete millones de jóvenes en todo el país. Sin oficio ni beneficio, decía mi padre refiriéndose a jóvenes de aquel entonces como yo, sin trabajo y desertores escolares desde la secundaria. Potenciales delincuentes, según los especialistas en estos asuntos. La fogosidad y la protesta irreflexiva siguen siendo una bomba de tiempo en un país donde la superabundancia material no está al alcance de millones de ciudadanos en edad productiva.

Es una generación de adolescentes a la que en 2010 el Tribunal Superior de Justicia del Distrito Federal pretende aumentar las penas: de cinco a diez años de cárcel a los menores infractores por delitos graves.

Sin embargo, la secundaria Lao Tse se siente orgullosa de su buena reputación. No está entre los cientos de planteles de la capital del país donde se han prendido los "focos rojos" de delincuencia y consumo de drogas. No forma parte del programa Mochila Segura ni hay detector de metales en la entrada. "Tenemos un alta demanda de inscripción, incluso de niños que vienen de muy lejos, como Xochimilco. Los mismos padres y los muchachos nos recomiendan", afirma la maestra Trujillo, con veintisiete años como profesora y dos de directora del turno matutino. La secundaria en ambos turnos es una de las de mejor aprovechamiento en su zona, compuesta por treinta y un planteles. "La pobreza no es un factor decisivo en el aprovechamiento del alumno", dice el maestro Vergara, con quince años como director del turno vespertino. En su opinión, una familia solidaria es lo más importante en la formación del estudiante. "Desgraciadamente, tenemos que reconocer que cada vez es más común la desintegración familiar y el caso de niños que tienen que trabajar para ayudar con el gasto de la casa."

El aprendizaje del mínimo esfuerzo

Para quien ha pasado más de treinta años desde que ocupó por última vez el pupitre de una secundaria pública, hoy resulta inquietante la relación entre maestros y alumnos.

Es muy difícil saber cuál es el grado de identificación entre unos y otros. La autoridad institucional, preclaro enemigo de mi generación, en todo momento parece mostrar como al desgaire su jerarquía. La ortopedia social sigue presente en las instalaciones sombrías y con toda la pinta de correccional o fábrica. Pero algo no va bien en la formación de individuos dóciles y útiles toda vez que en mayor número determinan los censos nacionales de población en cuanto a habitantes de prisiones y desempleados. ¿Podría ser esto una prueba de la bipolaridad del sistema educativo?

Percibo una ausencia de transgresión reactiva que ponga a prueba la condescendencia de los profesores. Los estudiantes se ven más cerebrales que espontáneos, parecen indefensos, aniñados y en una navegación con banderas desplegadas por un mundo virtual de cultura pop, pero su desinterés silencioso por el aprendizaje me habla claramente de una rebeldía soterrada. Es una atmósfera depresiva y solipsista. La indulgencia se ha constituido como norma general en esa secundaria de barrio proletario. Experimento una sensación similar cuando presencio un partido de futbol donde ambos equipos juegan al empate. No hay furia cocinándose a fuego lento ni rivalidades declaradas, mucho menos espíritu de competencia, así sea entre compañeros de equipo para ganarse el puesto. Este ambiente disperso me hace creer que los estudiantes intuyen el sinsentido de cualquier batalla, a no ser a golpes a la salida de clases por el amor de una Julieta o un Romeo plebeyos. De otro modo es mejor hacerse a un lado.

Adquirir conocimientos con métodos tan poco nove-dosos como oír una clase en lo que se llena de apuntes un cuaderno, no parece muy estimulante para una generación habituada a los celulares, el control remoto y sus imágenes trepidantes. Un conocimiento muerto en pesadas mochilas al hombro joroba a sus propietarios, cuyo andar parece el presagio del regreso del hombre a las cavernas.

Durante mi época de estudiante en este mismo plantel, los maestros enseñaban bajo normas rígidas y convicciones categóricas a favor del saber y el esfuerzo, que en el mejor de los casos a unos nos hacía sacar la casta y las mañas y a otros, la mayoría, siento decirlo, sólo desear el final del turno. Me parece que nadie puede sentirse esti-mulado a aprender si no subyace dentro de uno, la desazón de sentirse amenazado por el futuro.

Creo que la ausencia de emoción y curiosidad en las aulas tiene que ver con un conocimiento instintivo de que fuera de los muros de la secundaria se necesita mucho más que la frialdad ceremoniosa de los datos, las efemérides, las cifras y una calificación aprobatoria. Al preguntar a va-rios alumnos si les gustaba ir a la escuela, todos respondían que sí. ¿Por qué? Porque aprendo mucho y tengo buenos maestros. Sin embargo, esta respuesta autocomplaciente y tramposa contenía en la mirada, los gestos y la postura corporal la misma ambigüedad de quien le da lo mismo tirar un zarpazo que correr a la madriguera.

El beneficio a futuro de la enseñanza es una leyenda edificante que uno aprende a valorar desde casa. Pero son pocos los jóvenes que aún creen que la educación puede ser el elemento más importante en su escalada social y oportunidad de éxito en la vida. Los maestros insisten en lo contrario y estos muchachos que me rodean, cautos y suspicaces, parecen decididos a respetar tales convicciones aunque no crean mucho en ellas. Tal estrategia surte mejores dividendos que la oposición abierta. Ellos saben que de un modo u otro ya son protagonistas de un mercado global de consumo: sexo, crimen, guerra y producción de tecnología y cultura chatarra. ¿Quién se atrevería a decirles que están equivocados en un país donde es materia obligatoria vivir bajo la ley del mínimo esfuerzo?

Oliver Twist a la mexicana

Es tan brillante, que destaca en lo que se proponga, es un alumno integral. Así se expresan sus profesores de Giovanni Alberto García, de catorce años y estudiante del tercer grado. Su promedio es de 9.9. Casi perfecto. Es de apariencia asustadiza, esbelto, de anteojos y bozo tan negro como su cabello lacio. Giovanni parece extraído de una monografía escolar donde se exaltan los valores cívicos y la buena conducta. Vive con sus padres y su abuela materna, quienes lo llenan de afecto y cuidados. Sus conceptos y respuestas son firmes mientras observa inexpresivo los juegos de sus compañeros durante un descanso. Destaca desde la primaria y sus materias predilectas son matemáticas, física y química. A decir de profesores y orientadores, el secreto está en sus padres, que siempre están al pendiente de él. En sexto año de primaria Giovanni ganó un concurso llamado La Olimpiada del Conocimiento. Giovanni vive muy cerca de la secundaria, frente a Plaza Tezontle, centro comercial rodeado de puestos de fritangas, piratería y de videojuegos repletos a todas horas. Las trifulcas en su colonia, la Zapata Vela, son comunes. A un tío de Giovanni lo convencieron sus vecinos de vender su casa y mudarse a provincia. Le dieron una golpiza, le apedrearon sus ventanas y amenazaron a su familia. Todo porque al tío se le ocurrió pedirles que respetaran su espacio de estacionamiento en la calle. "Luego de abandonar el hospital mi tío levantó una demanda, pero prefirió irse", concluye Giovanni. Su padre es cerrajero y técnico en electrónica, por las tardes estudia Derecho en la Unitec. Su madre es empleada de tintorería. El hermano menor de Giovanni estudia el sexto año de primaria y dicen que es igual de aplicado. La familia vive en armonía en una construcción tan pequeña que no hay espacio para una sala. A Giovanni le gusta su escuela y considera que tiene un nivel muy alto aunque confiesa no tener otros parámetros para evaluarla que su relación con los maestros: "Le echan muchas ganas y nos apoyan". No sabe qué le gustaría ser de grande pero sí que necesita prepararse para el futuro. Como a muchos otros de sus compañeros de plantel, le preocupa la pobreza y la delincuencia. Por las tardes toma clases de inglés en UPIICSA y ayuda en las labores de casa. Al igual que millones de mexicanos, cree que ser bilingüe le abrirá las puertas de un empleo bien remunerado. En su escaso tiempo libre juega con su perro y ve una hora de televisión:

dentro de una burbuja de comodidades que se revienta en cuanto sale de casa. Los videojuegos y la televisión configuran el mundo de un niño más bien solitario. Es hijo único. Su padre fue empleado de confianza en el gobierno federal durante veinte años. Sus labores empezaban a las ocho de la mañana y no tenía hora de salida. Durante ese tiempo eran comunes las horas extra, incluso tiempo completo los fines de semana. El estrés de su anomia cotidiana le ha cobrado su precio: dos hospitalizaciones por neumonía y otra por infarto. Quizás algún gen en su corpulenta constitución podría clonarse en las futuras generaciones de mexicanos sin garantías de nada y que con los años han visto depreciado su nivel de vida. A su manera, su esposa pasa por las mismas. Es ama de casa y durante el año completa los ingresos familiares horneando pays para vender entre sus amistades. Es parte de la mesa directiva de la secundaria. La tarea más ardua de este matrimonio "disfuncional" es sacar adelante a Pedro, que va arrastrando materias en su primer año de secundaria. "Es un buen alumno, va mejorando", opinan sus maestros. La inteligencia precoz de Pedro es un compendio de chatarra televisiva y semanarios de cultura, política y deportes. Un entorno difícil y las tertulias de fin de semana con los amigos y familiares de sus padres, lo han vuelto observador, perspicaz y desenvuelto. Su amor a las Chivas es una tradición familiar que presume orgulloso. En su recámara, junto a repisas y tambos repletos de ropa y juguetes, cuelga un enorme poster con la selección Nike de futbol mundial. A regañadientes, cumple con sus deberes escolares y evita problemas en un vecindario donde prevalece la ley del Talión de una generación a otra. Pese a que es sociable, la calle se le indigesta a veces. Pedro provoca ojerizas. Hace no mucho fue golpeado por un vecino cinco años mayor que él. Esto derivó en una trifulca entre familias y una denuncia en la delegación de la parte agredida. Es cuento de nunca acabar, el matrimonio Martínez Herrera lo sabe luego de vivir veinticinco años en ese edificio. Por lo pronto, siempre alerta, Pedro trata de sacar adelante la escuela y por las tardes asiste a un programa de ayuda de tareas. Los fines de semana, con uno o dos amigos humildes y apocados, comparte su Nintendo, su enorme televisión a color y una envidiable colección de muñecos de superhéroes.

El mundo real no deja mucho margen para soñar. ¿Como alertar a los jóvenes que, de seguir la tendencia actual, aun con un título universitario difícilmente encontrarán un trabajo formal? De los escenarios previsibles, uno puede imaginar regimientos de millones de profesionistas resentidos despachando en puestos ambulantes o manejando taxis y microbuses; migrando dentro de la ciudad con su título bajo el brazo, yendo de una oficina de recursos humanos a otra, o escuchando una grabación de Chambatel que amablemente les informa que no hay plazas vacantes en ninguno de sus empleos de escasa o mediana calificación.

Esta generación no cree en una sociedad ideal. Las fronteras entre el bien y el mal se evaporan en una realidad que pareciera insustituible. La fugacidad y la desmemoria forman la cornamenta para darse de topes con el futuro en un túnel estrecho.

Desde el sexenio de Vicente Fox, el gobierno federal se comprometió a destinar ocho por ciento del Producto Interno Bruto a la educación. Pero no lo es todo. "Si en verdad apreciáramos al ser humano veríamos qué hacer en su beneficio", afirma la maestra del USAER Dolores Montelongo. "Más que todo, es un sentido de retribución lo que haría la diferencia en esta sociedad."

Por lo pronto, la secundaria diurna 148 Lao Tse sostiene con alfileres sus ilusiones. Cada alumno aprende como puede, guiado por un lema que aquí y ahora enciende la alerta roja del futuro inmediato: Estudio, Trabajo y Progreso.

EL PADRINO Y SU EVANGELIO A LA MEXICANA

Vito Corleone es un ejemplo de cómo llevar las riendas de una familia. A cuarenta años de su estreno, la película *El padrino* es hasta hoy una especie de compendio del saber humano y un curso intensivo para convertirse en un hombre a carta cabal. Gracias a la personificación de Marlon Brando, la figura del todopoderoso patriarca siciliano es idealizada por sus enseñanzas y códigos de honor compatibles con la idiosincrasia mexicana. La filosofía de don Corleone, es un credo para quien presuma de hombrecito.

Es una curiosa afinidad mental. Don Corleone cubre un vacío de autoestima masculina a falta de arquetipos nacionales que no estén impregnados de humildad edípica, fatalismo, u orgullo derrotista. El mexicano promedio, harto de pertenecer al bando de *Nosotros los pobres*, puede conciliar su perfil aspiracional con la cruda realidad del país a través del entorno de donde proviene el mafioso siciliano. Nuestro gozo por la ilegalidad vuelve irresistibles a personajes como don Corleone.

El éxito de este retrato romantizado de un pariente ideal es la cercanía de su esfuerzo individual y audacia, con la riqueza, pero sobre todo con el poder que convierte a cualquiera en personalidad respetable a la cual besarle la mano.

Corleone justifica el mal y la corrupción como recursos para obtener un bienestar propio y de la familia exaltando valores sociales como el amor filial, la lealtad, el orden, la devoción religiosa y el respeto a la autoridad. La figura del padre bondadoso, simpático e implacable cuando se debe, se ajusta a la fascinación del mexicano por la ley del Talión. En una cultura donde el crimen y la impunidad se han vuelto una convención, quien muestra capacidad para enfrentar a los poderosos (aunque nunca gane) merece respeto y sus allegados lo querrán de compadre. Reflexionemos un poco sobre los pequeños delitos cotidianos en los que de un modo u otro participamos todos los días, y nos daremos cuenta de que el crimen organizado en México no es mera coincidencia.

El padrino tiene un enorme atractivo como miembro ideal de una familia mexicana de tantas, solidaria, tracalera, lacrimosa y con un código de honor inquebrantable aun en las despiadadas exigencias de su entorno. El sujeto más despreciable a los ojos de la sociedad, puede reivindicarse ante los suyos si en la intimidad del hogar se comporta como un cabal jefe de familia.

Don Corleone enseña con su ejemplo cómo dejar de ser un don nadie delinquiendo bajo una apariencia honorable. Al compadrazgo y el nepotismo les otorgó un halo sentimental que justifica en México su práctica a todos niveles. El Padrino, decente y respetable, en secreto amedrenta, somete y corrompe.

La versión cinematográfica de la estupenda novela de Mario Puzo abunda en estereotipos de personajes con carisma y arrojo suicida. Sin embargo, el historiador italiano Giuseppe Carlo Marino asegura que en la realidad éstos suelen ser más bien "hombrecitos" de apariencia débil y malhablados. "La Cosa Nostra, cuya presencia en Sicilia no es visible debido a su anonimato, no sólo debe entenderse como crimen organizado, sino como una estructura de poder que regula el sistema de las relaciones económicas y sociales, al grado de ser asimilada por la colectividad", sostiene el autor de *Los padrinos* en entrevista con *Reforma* el 11 de septiembre de 2007.

No está de más decir que los conceptos citados pueden aplicarse a México. Es común toparse con uno de los abundantes émulos piratas de don Corleone tocando con el estridente claxon de su microbús *Speak Softly Love,* el tema de Nino Rota compuesto especialmente para la película.

Esto sería inconcebible sin la peculiar figura del compadre en la familia mexicana.

Especialistas en el tema de la mafia como Carlo Marino, establecen cuatro mandamientos fundamentales para un "ahijado" de la Cosa Nostra. Juzgue el lector si no aplican en la mentalidad del mexicano:

- Un hombre hecho debe acudir siempre en auxilio de un hermano con todos los medios de que disponga, incluso a riesgo de su vida o sus propiedades.
- Debe obedecer las órdenes de un consejo de hermanos más antiguos que él sin cuestionarlas nunca.
- Debe considerar una ofensa infligida por un no miembro de Cosa Nostra a un hermano como si fuera personalmente contra él y debe estar dispuesto a vengarla a toda costa.
- No debe jamás acudir a la policía, los tribunales de justicia o cualquier otra autoridad gubernamental en demanda de ayuda.

Los mexicanos adoramos a *El padrino* y en la práctica hacemos frente común contra su peor enemigo: el respeto por la legalidad. "Voy a hacerle una oferta que no podrá rechazar", esta frase de Vito Corleone queda como anillo al dedo a las corruptelas que distinguen a nuestra sociedad. Resume las simulaciones de la doble moral del mexicano que se queja de la corrupción mientras paga mordida para evitar una multa por estacionarse en doble fila.

La foto macabra no es lo importante, sino entender lo que sucedió

El público que hoy admira la obra de "El Niño", Enrique Metinides (ciudad de México, 1934), es mucho más sofisticado que aquel que durante casi cincuenta años consumió enormes tirajes de las publicaciones llamadas despectivamente "amarillistas". Las fotografías de este artista adquieren un sentido histórico a la altura de los mejores documentos sociales. Desde 1948 y hasta 1993 el periódico *La Prensa*, y durante el esplendor del periodismo policiaco en las décadas de 1950 y 1960 los semanarios *Alarma!, Zócalo, Prensa Roja, Nota Roja, Crimen* y *Guerra al Crimen* destacaron en primera plana las estrujantes historias gráficas de Metinides.

Luego de varias décadas, semejante iconografía apocalíptica se cotiza en importantes museos y galerías internacionales. La necrofilia y el morbo hermanan la fascinación de todo tipo de público por aquello marcado por la fatalidad y la muerte en circunstancias extremas.

—El morbo existe en todos: el que lee la nota, el homicida, el reportero, los mirones. Siempre quise hacer algo artístico, con más categoría, pensando incluso en la familia de la víctima, en su dolor, en su vergüenza.

—¿Cómo se siente ahora que es reconocido mundialmente?

—Vas a hacer que se me levante el dedo —Metinides mueve un meñique para reforzar su mofa de la gente *nice*—. Si me dieran libertad haría dos o tres grandes exposiciones y varios libros. Podría seleccionar algunos de los negativos que más me gustan y entonces sí verían lo que es mi trabajo. Hablo de catorce mil fotografías que tomé desde que era niño a razón de seis a diez rollos diarios. Y en *La Prensa* se quedaron con otras cincuenta mil.

Metinides tiene lo que el poeta Jacques Prevert diría del fotógrafo Brassai: un sentido para captar la belleza de lo siniestro. Todas las variantes sobre la forma de morir trágicamente. Elija la que le guste, la muerte a nadie discrimina.

—Pero, ¿no se siente emocionado?

—Me da gusto que *The New York Times* me haya dedicado dos páginas centrales con motivo de mi reciente exposición en una galería del Soho. Dime, aquí, ¿quién sale así? ¡Un reportaje a nivel nacional! Me acaban de hacer otro igual para una cadena de televisión en Miami, vienen a verme de todo el mundo, estoy en miles de páginas de internet y me han entrevistado para medios europeos y latinoamericanos. ¿Tú crees que no me emociona? ¡Si no soy de palo!

De niño quería ser piloto, pero una vez, jugando con sus amigos, subieron a la azotea de un edificio de seis pisos, los más grandes del grupo columpiaron a Metinides asomado a la calle tomándolo sólo de una mano y una pierna. Desde entonces le tiene pánico a las alturas, por eso no viaja en avión. Ello no impidió que fotografiara casi doscientos accidentes aéreos. Metinides relata que un visitante a su exposición en una galería de Londres en 2003, le envió una carta donde preguntaba las especificaciones de su estudio:

—Imagínate, estos cuates qué se creen. Me han inventado de todo, en España le dijeron a la gente que yo no había asistido a la inauguración de mi exposición porque estaba inválido.

PERIODISMO ES CONTAR UNA HISTORIA EN UNA SOLA TOMA

El hijo de inmigrantes griegos convertido en leyenda enumera capítulos de su novelesco anecdotario autobiográfico: la cámara Brown junior de doce exposiciones en blanco y negro y la bolsa con rollos de película que le regaló su padre cuando Metinides tenía ocho años, "con esa cámara tomé fotos de primera plana; si ahora me la dan, aunque sea nueva no podría, no sé cómo lo hice"; siete costillas rotas, descalabradas, quemaduras, un infarto a los treinta y ocho años, maratónicas jornadas de trabajo, creador de las claves utilizadas por los servicios de la Cruz Roja y quien propuso que el color de las ambulancias cambiara del gris al blanco. Vive en un edificio al sur del D.F. junto a una gasolinera, similar a las casi treinta que fotografió en llamas. "Siempre he tenido miedo de morir quemado", asegura.

En la estancia, el baño y la recámara de su departamento, sin vista a la calle y protegido con gruesas cortinas, tiene tres enormes televisores con sistema de cable y equipo de grabación donde pasa horas grabando noticias de ejecuciones, decapitados, desastres naturales, accidentes mortales y atentados terroristas como el del 11 de septiembre de 2001 en Nueva York: "Ahí me hubiera gustado estar, ese evento era para mí". El video escándalo de Bejarano forma parte de la impresionante colección ordenada con la meticulosidad de un escoptofílico (quien siente el placer compulsivo de mirar algún motivo en particular).

Sin embargo, su departamento bien podría competir con Disney World como el lugar más feliz del mundo. Metinides vive entre colecciones de ranas de plástico, de porcelanas y de máscaras; un cuarto de trofeos y exhibición de más tres mil piezas de juguetes y objetos relacionados con los servicios de socorro, de una pared cuelga una placa de bronce de la sala de prensa de la Cruz Roja de Polanco que hasta hace poco llevaba el nombre del fotógrafo. Todo ello es parte del abigarrado y delirante universo del "cronista de la tragedia", quien repite incansable los mismos pasajes de su vida como el guión de una película escrita y dirigida por él, llena de humor y dramatismo espontáneos. Su complexión menuda corresponde al temperamento jovial y extrovertido de un hombre meticuloso y obsesivamente ordenado. Es todo menos un intelectual. Los libros no forman parte del decorado de su departamento. Sigue siendo un niño prodigio que goza de la atención que recibe. El Gordo y el Flaco sonríen en vitrinas y repisas; dos de sus enormes figuras en pasta reciben a los visitantes desde una banca a la entrada del departamento. Una atmósfera propia de una excéntrica celebridad nutrida por toneladas de cultura pop.

EL FOTÓGRAFO TIENE QUE ACTUAR RÁPIDO, COMO SI LA CÁMARA FUERA UNA PISTOLA

—¿A qué fotógrafos admira?

—A parte del tal Weegee, de quien tengo por ahí un libro muy padre, no conozco muchos. Mis maestros fueron los foto-reporteros Antonio Velásquez "El Indio", Benjamín Ruiz y Agustín Pérez Escamilla. Tomé mi estilo del cine y de publicaciones policiacas. Recortaba las fotos y hacía álbumes que aún conservo. A los ocho años ya me apasionaban las películas de gángsters. Mis favoritas eran las de James Cagney, él representaba al mafioso gringo en el mundo. Me iba solo a los cines del barrio donde vivía, en el mero centro de la capital, y me llevaba la cámara para retratar la pantalla. No salía nada, por supuesto, pero memoricé las imágenes y las trasplanté a miles de fotos, a muchas las llamé "Los mirones": policías, delincuentes o curiosos, son parte de la historia. Todo está incompleto sin ellos. La mirada es importantísima al momento de accionar la cámara. ¿Sabe cómo llegué a esa conclusión? ¡Por el cine! Y me convertí en el director de mi propia película.

El efecto de sus imágenes es de un impresionismo cinematográfico, casi de ensoñación, lo cual arrebata la crudeza del horror a la escena.

—¿Nunca le tomó fotos a sus amiguitos?

—Más bien a niños presenciando un crimen o un acci-
dente, o que morían en uno de ellos. A la primaria me llevaba un bonche de *La Prensa* con mis fotos y se lo enseñaba
a los maestros.

—¿Y no se alarmaban?

—Al contrario. Me llevaban con el director para presu-
mirme.

—¿Y sus papás?

—Me dieron muchas libertades y aproveché el tiempo.
Lo único que los hacía enojar es que anduviera metido día
y noche en la Cruz Roja o en la estación de bomberos. Yo
mandaba a revelar mis rollos a un laboratorio y guardaba
las fotos. Los policías del barrio me cuidaban y me daban
chance de tomar fotos, incluso dentro de la delegación. A
los doce años tomé mi primera foto de un cadáver: un de-
gollado por el ferrocarril que pasaba por Nonoalco. El encargado del anfiteatro posó con la cabeza.

"Tomaba mis fotos desde los lugares más increíbles pero
me moría de miedo. Una vez, ya de adulto, asesinaron a un
sujeto y lo echaron a un barranco. Cuando llegué lo estaban subiendo, el muerto y el socorrista iban amarrados
como piñatas, uno en la camilla y el otro abrazándolo. Entonces bajé corriendo por el barranco porque de otro modo
no iba a poder tomar nada. Alcancé a agarrarme de un ár-
bol, si no me mato yo también. Cuando acabo de fotografiar

volteo atrás y me doy cuenta que había como medio kilómetro de caída. Me tuvieron que rescatar porque me paralicé
de miedo. A veces me preguntaban: ¿En qué helicóptero te
subiste? ¿A poco no está genial? Un compañero del periódico me llegó a decir: "Traes pendejo al director con tus
fotos, se las presume a todo mundo". De todos modos esos
malditos [sus amigos de infancia] me echaron a perder la
vida. Los galeristas me han enviado boletos de avión con
todos los gastos pagados para que asista a mis exposiciones
y nunca voy, por eso en España inventaron que yo estaba
en silla de ruedas. He pasado unos corajes del diablo."

Metinides es comparado con otra leyenda del fotoperiodismo urbano: Weegee, quien mitificó el Nueva York de
la década de los treinta y cuarenta. Pero desde sus inicios
Metinides buscó un ángulo especial que respetara el dolor de las víctimas y sus familiares, y evitar lo grotesco o
evidente:

—A mí no me interesa la sangre sino el drama de la vida.
Yo le echaba muchas ganas y trataba de ser el mejor. Tenía
idea de que mi trabajo era muy bueno, si no, ¿por qué le
daban tanta preferencia? Si hubiera sido por lo chamaco,
ni chance hubiera tenido de entrar al penal de Lecumberri
y ganarme el respeto de matones peligrosísimos. Gracias
a Carlos "El Indio" Velásquez, foto-reportero estrella de
La Prensa, quien invitó, al que en aquél entonces era un
niño de doce años, a trabajar como su asistente. En la peni-
tenciaría, donde estaba el forense era del tamaño de un
cine lleno de camas de granito y con el piso bien resbaloso
de sangre. Parecía un rastro, pero de cadáveres.

En Lecumberri Metinides conoció a Adrián Devars, fotógrafo de vedetes para revistas de la farándula. Usaba el forense como si fuera su estudio. Devars bañaba a los cadáveres que iba a retratar, los peinaba, arreglaba el gesto y a veces medio los vestía. Les ponía, recuerda Metinides, un ladrillo bajo la nuca para que levantaran la cabeza y cuando se podía mandaba pedir el puñal homicida para acomodarlo en la herida.

—Ai nos tienes a todos, celadores, empleados y fotógrafos, viendo trabajar a Devars. Era todo un espectáculo. El Indio y yo también íbamos a la estación de bomberos, y si había incendio nos subíamos al camión. Yo me agarraba de las mangueras para tomar fotos, o los bomberos me subían en hombros para que no me pasara nada y desde ahí disparaba mi cámara, por eso tengo escenas que nadie más conseguía.

SENSACIONALISMO Y PARANOIA GLOBALIZADOS

A partir de 1950 la industria cultural y del entretenimiento crea un mercado global alrededor de las paranoias y tragedias colectivas. En México, las publicaciones de nota roja retocaban con color sepia las fotografías, pero en 1972 *La Prensa*, aprovechando sus altos tirajes, saldría a color y la censura oficial y moral exigía ocultar el color preferido de las desigualdades sociales. "A ver cómo le haces", le dijo a Metinides el director de la publicación. Comenzó a experimentar: tomas de perfil al ras del piso para ocultar el charco de sangre y evitar el retoque, aisló el arma homicida y la mirada que expresaba la ira, el asombro o la impotencia ante la desgracia. La narración visual del incansable fotógrafo se hizo más sugestiva sin perder impacto. El rojo se mantuvo como color proscrito. Metinides se convirtió en precursor de un estilo.

—Se me ocurrió que podía hacer primeros planos con mi lente angular de veintiún pulgadas. ¿A poco no está genial? Todo mundo me copió. En mi época, el periodismo era más consistente, los reportajes se publicaban como si fueran novelas y los casos se seguían diariamente, no como ahora: hacen una sola fotografía toda descuidada con una notita de relleno y se olvidan del problema. Yo revelaba mis fotos, las imprimía, editaba y cortaba lo que no me parecía. Inclusive de un negativo trabajaba dos propuestas. La mejor era la que se publicaba, muchas veces la escogía yo, hasta llegué a cambiarla cuando no me gustaba la que elegía el director. Tenía su confianza.

Todo esto ayuda a explicar por qué un foto-reportero que apenas terminó la secundaria, forjado en el submundo del periodismo policiaco, ajeno al oropel de las bellas artes mexicanas que de todas maneras lo ignoraba o menospreciaba, gana entre otros premios una bienal de fotoperiodismo en 1996 y finalmente, a sus setenta y tres años, es considerado uno de los artistas visuales contemporáneos más sui géneris a nivel mundial.

—El que mira la fotografía tiene que sentir lo mismo que los que estuvimos en la tragedia. Muchas veces busqué un rincón donde ponerme a llorar a escondidas. Incluso me ponía a hacer labores de rescatista en vez de tomar la foto o trataba de consolar a los familiares de las víctimas.

Le indigna la incompetencia de las autoridades de la ciudad de México para combatir la delincuencia y gobernar.

—No puede ser, es asqueroso lo que han hecho con esta ciudad. De la policía, ni fiarse, está llena de rufianes y panzones.

Quienes se acercan por primera vez a su impresionante obra, encontrarán difícil de creer que este hombre bonachón haya presenciado tantos pasajes tenebrosos de la vida en esta capital. Metinides la ama y la odia con la misma intensidad. Con su retiro forzado en 1993, cerró una etapa de la historia de la ciudad de México. Hoy es más truculenta, despiadada e inabarcable. El artista del horror se volvió prescindible.

—El periodismo se traga a sus hijos. Debo decir que guardo rencores, me duele mucho esa transa que nos hicieron a los cooperativistas de *La Prensa* para sacarnos y poderle vender el periódico a Mario Vázquez Raña, que de periodista no tiene nada.

—¿Qué consejo le daría a quien quiera convertirse en fotoperiodista?

—Que se dedique a otra cosa, porque en esto lo único que va a ganar son envidias y mala salud. Nadie le va a reconocer su esfuerzo.

—¿Hay algo más a lo que le tenga miedo?

—Sí, a salir de noche a la calle.

y gobernados se identificaron compartiendo su pánico a través de una impresionante e inédita campaña informativa que acaparó los espacios de todos los medios de comunicación.

La insoportable arrogancia de una clase media pretendidamente informada contraatacó con burdas teorías conspiracionistas: un ataque terrorista biológico que buscaba matar a Barack Obama en su visita a México; el gobierno de Estados Unidos busca apoyar, con una epidemia inexistente, a la economía de su país o a las grandes empresas farmacéuticas; ocultar los problemas que sufre México y fortalecer al PAN en las elecciones del próximo mes de julio; una conspiración del gobierno mexicano y los medios de comunicación para ocultar, al contrario de la versión anterior, la gravedad de una epidemia incontrolable que ha dejado millares de muertes; una conspiración de los productores de res (o de pollo) para afectar a los porcicultores.

Por si fuera poco, el lunes 27 de abril, antes del mediodía, un temblor de 5.7 grados Richter sacudió la ciudad de México. No hubo daños que lamentar. Pero estaban dadas todas las condiciones para que la paranoia colectiva apoyara las apresuradas y arbitrarias medidas del gobierno federal y de la capital del país. Durante los primeros días de la contingencia, los capitalinos convirtieron los cubre bocas en un codiciado accesorio de moda. A pesar de que los mentados trapitos azules son inútiles pues su porosidad permite fácilmente el paso de las partículas y además es poco viable que el virus pueda transmitirse por el aire sin estar en contacto con alguna superficie, así lo reconoció Miguel Ángel Lezana, director general de Vigilancia Epidemiológica y Control de Enfermedades de la Secretaría de Salud. Si acaso, los protectores han cumplido una función simbólica de reprimenda a nuestra manía de opinar y hacer juicios a la ligera de todo, tal y como lo hacen los verborreicos líderes de opinión de radio y televisión, especializados en cualquier tema a fuerza de elevar el *rating*.

—Me preocupa que no haya pasaje, lo demás me vale madre. El que tiene que morir morirá, ¿a poco no, joven? —comenta un taxista que me lleva a la desolada colonia Roma la tarde del jueves 30 de abril.

No le falta razón al chafirete. Ante lo que ocurre cotidianamente en la capital del país, la epidemia de influenza conocida ahora como AH1N1 y de cepa mutante, es una calamidad más en una ciudad que desde su fundación ha sobrevivido terremotos, pestes, invasiones armadas, delincuencia, debacles financieras, corrupción e impunidad. El chilango es un sobreviviente nato que, al igual que el resto de sus compatriotas, tiene una alta resistencia al castigo que lo lleva a tomar riesgos innecesarios y menospreciar sus consecuencias. Su aparente valemadrismo disimula su identidad con una cultura altamente religiosa que pondera el sacrificio y la resignación. Nuestros gobernantes lo saben.

Durante los primeros días de emergencia sanitaria recorrí a pie buena parte del Centro Histórico y colonias vecinas en busca de tapabocas y alcohol medicinal. Pese a las afirmaciones de las autoridades locales y federales de que el abasto de estos productos estaba garantizado, en todas las farmacias que encontré había anuncios de cartulina que contradecían el optimismo oficial. Las compras de pánico, el acaparamiento y los abusos eran de esperarse. Fue hasta el miércoles 29 que conseguí los profilácticos en un Sumesa de la colonia Juárez. En la calle, ante la complacencia de tirios y troyanos, dos franeleros vendían a la discreta las telitas, ocultas en una bolsa negra de supermercado.

De común acuerdo, los gobiernos federal y del D.F. restringieron las actividades sociales y comerciales. Obligaron el cierre temporal de restaurantes, bares y giros similares. Para cuando el presidente Calderón dirigió un efusivo mensaje a la nación en cadena nacional, conminándola a quedarse en casa y aprovechar el tiempo con la familia, los millones de televidentes ya sabían a qué atenerse. Sólo que esta vez el miedo a lo desconocido y la incertidumbre, más que la conciencia ciudadana, fue determinante para aplicar eficazmente las medidas al vapor.

El asueto obligatorio se confabuló con el puente del 1° de mayo para inmovilizar la ciudad. Orson Wells estaría fascinado. Ambos gobiernos (federal y capitalino), a cual más de fantoches, se atribuyeron facultades excepcionales fundamentando un consenso a través del miedo. Hay que tener claro que una cuarentena no cura a nadie, pero contribuye a evitar que la transmisión de la enfermedad se propague. De cualquier modo se estima que generalmente diez por ciento de la población la viola.

Para los capitalinos la vida está en las calles y resulta comprensible que haya quienes se resistan a un autoarraigo domiciliario. Durante un recorrido en el primer cuadro de la ciudad que incluyó la zona de la Merced, llamaron mi atención los cientos de paseantes con actitud desganada y semblante aburrido. Para entonces, ya ni las prostitutas de Circunvalación usaban tapabocas. Los comercios cerrados, el sol agobiante y una desangelada y poco concurrida manifestación con motivo del 1º de mayo frente a Palacio Nacional, sólo hizo más deprimente la respuesta a la alerta sanitaria. En la plancha del Zócalo algunos trabajadores terminaban de montar una enorme carpa blanca; parecía un funesto presagio de lo que se avecina: un hospital móvil para atender víctimas de la epidemia.

El Consorcio es una cervecería en la avenida Bucareli, a un lado del edificio donde vivo, a unos pasos de la Secretaría de Gobernación. Da servicio continuo todo el año, aún durante los frecuentes cierres de calles por plantones y marchas. Bromeando, yo aseguraba que sería el único lugar abierto después de la hecatombe. Me equivoqué: el sábado 2 de mayo sus cochambrosas cortinas presumían unos flamantes sellos de clausura.

¿Qué queda de una ciudad donde se prohíbe la celebración y el festejo? El orden restrictivo como su contraparte brutal y angustiante, inhibe las manifestaciones carnales de amor y amistad a riesgo de morir por un contagio viral. El manejo informativo de la epidemia nos ha hecho sentir inermes ante la adversidad, a menos que seamos obedientes, pero esto no significa un triunfo de nuestros gobernantes ni de la sociedad civil.

La desolación en las calles fue para algunos una oportunidad de disfrutar del trino de los pájaros y el aire aceptablemente limpio. Pero también permitió apreciar el descuido de plazas y jardines, infestados de basura y refugio de indigentes que a nadie importan. ¿No deberían ser ellos las primeras víctimas de una epidemia?

Un vendedor de barbacoa en la calle de Pugibet, se quejaba:

—Ahora tenemos que escondernos hasta para comer.

Así es, amigo, pensé, es la pesadilla totalizadora en el país del taco callejero.

Pese a su fama de cínicos e indolentes, los chilangos aceptaron de buen modo la contingencia. Sin embargo, quedó en entredicho la reputación de una capital mundialmente conocida como vibrante y desparpajada, donde la endeble legalidad es tan sólo un estimulante del ocio transgresor. Por el momento, triunfó el control y la vigilancia omnisciente. La simulación y el miedo obtuvieron el consenso mayoritario. Otra clase de desquiciamiento nos espera. La pesadilla orwelliana encontró campo fértil en la capital que lleva amplia ventaja a cualquier especulación futurista.

VISIONES DEL FIN DEL MUNDO

El futuro es un concepto anacrónico en un país como México. Este país ha rebasado con holgura las predicciones apocalípticas más aventuradas. En él coexisten la epidemia y la barbarie. El futuro se convierte todos los días en un cuadro costumbrista. Los alcances de una epidemia de influenza o fiebre porcina han puesto a los mexicanos dentro de un escenario que rebasa la imaginación de cualquier novelista. La ciudad de México incuba la distopia. La habita una vasta galería de inasimilables, que ha convertido en símbolo de identidad su lucha por la sobrevivencia cotidiana. Al cuadro anómalo sólo le faltaba un virus de la magnitud del AH1N1, para que la paranoia nacional justifique cualquier teoría conspiracionista.

Las grandes crisis económicas se parecen a las epidemias virales, pues ocurren cada cierto número de décadas y nadie sabe con precisión cuándo se producirán. Si la epidemia de influenza en México llegara a tomar las dimensiones de la "gripe española" que azotó al mundo en 1918 y causara entre cuarenta y cincuenta millones de muertos, equiparables al número de muertos en la Segunda Guerra Mundial, el país se convertiría en un deambulatorio de almas en pena con tapabocas, sin pausa, tregua ni rumbo, huyendo de la muerte mientras otros como ellos fallecen frente a sus ojos sin recibir una mínima ayuda. La influenza pareciera el virus de nuestro tiempo pues para combatirlo se requiere evitar cualquier contacto humano, sobre todo los besos, manifestación sublime del amor entre los humanos. En una ciudad como el D.F., con una tremenda crisis de agua, las medidas sanitarias recomendables por la Secretaría de Salud se convierten en un castigo bíblico. La barbarie subyace bajo las aspiraciones de civilización y progreso.

Epidemiólogos de la Secretaría de Salud estudiaron los patrones de propagación de la pandemia de gripe española de 1918 y a través de un modelo matemático calcularon el impacto en México de un fenómeno viral semejante. En 2009 estimaron que en un plazo de seis meses treinta y cinco por ciento de la población estaría afectado por la influenza, con cuadros leves hasta muy graves. Habría unas quinientas mil personas requiriendo hospitalización y aproximadamente doscientos mil muertos, es decir, uno de cada ciento setenta y cinco afectados. El impacto en la economía no tardaría en mostrar su efecto demoledor.

La ausencia de fe o la necesidad de recobrarla es uno de los dilemas a los que se habrá enfrentado el habitante de este país. Paradójicamente, en un mundo donde el calentamiento global está acelerando el desequilibrio en los ecosistemas y la destrucción de las especies, la epidemia de influenza podría verse como una respuesta de la naturaleza a la sobrepoblación del planeta y al agotamiento de su capacidad de proveernos de servicios gratuitos a los que estamos acostumbrados, como depurar el aire y el agua, tierras fértiles, reciclamiento de desperdicios, protección a las cosechas de las plagas, nutrir el suelo, etcétera.

La crisis definitiva del hombre contra la naturaleza ya estalló y no hay marcha atrás. Nadie puede predecir con exactitud cuánto vivirá ni cómo, pues estamos inmersos en una ruleta rusa de imponderables ecológicos, sanitarios y financieros. Sin embargo, la epidemia de influenza en México hasta hoy parece bajo control pues el número de muertos es mucho menor comparado con el provocado por el tabaquismo, el alcoholismo, la diabetes melitus o los accidentes automovilísticos. Al menos en la ciudad de México, muere más gente al año atropellada que por cualquier enfermedad. Todo esto sin contar las bajas de la guerra contra el narco.

Pese a lo anterior, lo que podremos ver a futuro, sin duda, es a selectos grupos de gente acaudalada amurallada en sus propiedades, lejos de la chusma que propaga pestes y enfermedades. Pero también los veremos presidiendo a control remoto, como en un Teletón, sepelios masivos de la horda empobrecida y víctima del hambre, la barbarie y todo tipo de epidemias. Nuestros códigos de comportamiento están cambiando a ritmo vertiginoso. El amor y la solidaridad están a punto de convertirse en un doloroso sacrificio a riesgo de morir contagiado. Serán parte del nuevo ritual que rodea a la muerte. Lo que quede de esa agónica institución llamada familia, será responsable de organizar los nuevos cultos funerarios en un inútil afán de preservar tradiciones obsoletas y, debido a las epidemias, peligrosas.

Obligados como estamos a permanecer en casa el mayor tiempo posible, es una oportunidad de leer *La fiebre escarlata*, de Jack London, y *La peste*, de Albert Camus.

La humanidad, según ambas ficciones, se regenerará a partir de unos pocos sobrevivientes, pero sólo para engendrar las condiciones que la llevarán a reescribir el Apocalipsis.

RETRATO
HABLADO

Somos los buitres vigorosos de la verosimilitud. Nos alimentamos de lo extravagantemente auténtico. Nos hace sentir vivos.

JAMES ELLROY

ÁNGELES CON CARAS SUCIAS

EL INCREÍBLE PROFESOR AVILÉS

República de El Salvador, entre 5 de Febrero e Isabel la Católica, funciona como centro de sanadores y hierberos que operan a la sombra de farmacias populares en la misma calle. En el número 91 se instala de lunes a sábado el consultorio ambulante del profesor Avilés. Canas teñidas de negro, traje lustroso azul oscuro a rayas, un dije que cuelga por fuera de la corbata amarilla y anteojos oscuros distinguen al "decano de la medicina azteca-china".

Té de hormigas chinas cura la diabetes, afirman desde su templete unos volantes punkosos con dramáticos testimonios. La infusión cura además "el colesterol, reumas, lupus, cáncer, gastritis, alta presión, várices, úlceras, asma, embolias, gripe, dolor de cabeza e infartos".

—Además del sida, la hepatitis y el herpes. Estudio medicina china y azteca desde hace sesenta años. Empecé con los yaquis de Sonora, luego seguí con la medicina maya en

Yucatán, pero la base es el herbario azteca, escrito hace quinientos años por dos médicos, Cruz y Badiano, que cultivaban las hormigas en Azcapotzalco. Tenía veintidós años cuando viajé en avión al Vaticano. Saqué de su biblioteca una copia a colores del libro y empecé a curar. Me anunciaba en todo el país, tenía treinta empleados y cuatro médicos a mi cargo. Pero fue hasta 2001 que la Academia Nacional de China informó que usaba el extracto para curar la diabetes, confirmando lo que los aztecas ya sabían.

"*Azcapunt* significa 'hormiga para curar la sed excesiva'. Su veneno lava las arterias que alimentan al páncreas y al mismo tiempo mata a la *enterobacter beta*. He curado un promedio de sesenta mil diabéticos, mil por año. Mantuve viva a mi mamá con cincuenta miligramos diarios, pero al llevarla al hospital se los quitaron y murió de un coma diabético. Por eso curo con el veneno."

El Flacaché, es otro producto exclusivo del profesor Avilés:

—La obesidad entra por la boquita y sale por la colita. Es muy ligero y laxa. No se necesita dieta porque baja las calorías. Actúa en el hipotálamo. El exceso de apetito se hace vicio, el Flacaché lo normaliza y cura del tabaco, el alcohol, la mariguana, el café y la cocaína. Sin que lo sepa el vicioso, se le pone en la comida y en la cena. No tiene efectos secundarios y disuelve el colesterol. El veneno lo mandan de China, pero no lo sacan de las hormigas, sino del ácido del vinagre, que con el oxígeno se oxida y forma ácido fórmico. Tiene dos funciones: desinfecta y lava la suciedad del cuerpo por alimentos chatarra y ¡la coca loca!, que tapa las arterias con un colágeno fibroso. Toda la industria alimenticia es diabetógena, cancerígena y cardiógena. Causa como trescientas mil muertes al año porque sus productos no tienen vitamina E, minerales ni fibra vegetal. Ese défit [sic] produce estreñimiento y la bilis negra del colastreno [sic], diabetes y cáncer. Gracias a que tomo mis propios productos me siento bien sano. Me casé tres veces, tengo doce hijos y estoy soltero otra vez.

Alguien llega a consulta, el profesor Avilés pregunta si tiene diabetes. No, buscan algo contra la úlcera péptica.

—Eso lo mata el veneno de hormiga. Lo que tienes se llama *iter bácter pilori*, si no le das de comer, te come a ti...

—Se mete debajo de la pared intestinal —interrumpe el sabihondo enfermo.

—... El píloro es la salida del estómago. La bacteria lo penetra, se va hasta el páncreas y produce diabetes —hasta ese momento, el ocotogenario Avilés no ha sabido explicar cómo tradujo el herbario. Aún así, prosigue—: Las hormigas no me las envían de China exclusivamente para mí, se pueden conseguir en los laboratorios Sigma de San Luis Missouri como formiato de sodio que se disuelve en agua. El Flacaché hidrata el bolo fecal. Tres tacitas al día durante un mes y ya está. La medicina oficial es a base de drogas y no puede cumplir con el artículo cuatro de la Constitución que dice: "Toda persona tiene derecho a que se atienda su salud". Pero no sólo ocho millones de diabéticos en el país pierden ese derecho, sino que cada diez años quinientos mil pierden la vida, veinte mil la vista y quince mil una pierna.

"No hay nadie más en México que practique la medicina azteca-china. Aquí tengo como trece años y vendo cinco tratamientos diarios a cien pesos. Mi consultorio estaba en Revillagigedo 101, pero el terremoto lo destruyó. Ya no pago local, están re'caros. La gente viene por recomendación. Juan Pablo II regresó el herbario a México que ahora está en el museo de Antropología. No me dejaron darle al papa de mi producto, imagínese, a lo mejor hasta se hubiera curado."

DEMETRIO Y VEINTE

A sus treinta y cinco años Demetrio Hernández probablemente sea el albañil más pequeño del mundo. Ante la falta de opciones en 1990 dejó el distrito de Tlaxiaco, en la costa de Oaxaca, y siguió la ruta de parientes y amigos para instalarse en la ciudad de México. Al poco tiempo estaba trabajando en una compañía de limpieza. Muchos de sus paisanos emigraron a Estados Unidos y a él hasta la fecha le dan ganas: "Pero dicen que es peligroso y no quiero arriesgar mi vida". Actualmente Demetrio vive con su esposa y sus dos niños en San Pablo Xotepec, en Milpa Alta. Conoció a su pareja hace siete años durante sus reuniones en una iglesia evangélica: "Nos fuimos enamorando de a poquito, tú sabes que primero hay que conocer el carácter de la mujer para que todo salga bien. Yo ya había tenido otras novias tanto en mi pueblo como aquí, así que no tenía prisa por casarme aunque ya habían nacido nuestros hijos". Ella mide aproximadamente un metro sesenta y cinco y fue quien se encargó de enseñarle la palabra de Dios. "Siempre me han gustado las mujeres pero le soy fiel a la mía porque la Biblia lo dice."

Demetrio asegura que ya se acostumbró a atraer las miradas: "Hay quienes me tratan bien y quienes no. Ya no me preocupa cuando alguien se burla, a mí nadie me mantiene, todo lo que tengo lo he ganado con mi trabajo. Tengo el carácter fuerte, pero he madurado con el tiempo y ahora lo tomo con calma. Cuando iba a la primaria allá en mi pueblo golpeaba a los niños que se burlaran de mí aunque estuvieran más grandes. Creo que mi principal defecto es mi carácter, me enojo mucho cuando alguien dice necedades".

Demetrio nunca ha tenido problemas para conseguir trabajo. Pese a que a primera vista parece un niño, de inmediato demuestra lo que sabe hacer y entonces se faja como gente grande. Lo suyo son los acabados en pintura y el barnizado de interiores: "Especializándome he encontrado un camino para irme superando y eso me hace muy feliz porque sólo depende de mí. Tengo suerte porque mi patrón desde hace ocho años no me presiona, él conoce lo que es el sufrimiento de alguien que viene a la ciudad a abrirse paso. Lo que le interesa es que yo haga mi trabajo con amor".

Demetrio tiene una afección glandular que detiene por completo el desarrollo antes de la pubertad y que provoca que persistan caracteres propios de la infancia. Se le conoce como infantilismo hipofisario. Las personas con este padecimiento son diminutas, bien proporcionadas, por lo general lampiñas, de voz atiplada y rasgos finos. Demetrio compra su ropa en el departamento de niños y sólo ha visto a tres personas como él, todas en su pueblo. No conoce a Margarito, el músico ambulante que reciclara el *Güiri Güiri*, pero: "He oído de él. Yo me siento bien como soy y trato de rodearme de buenas personas. En mi tiempo libre juego futbol con mis compañeros de trabajo. Le voy a los Rayos de Necaxa, antes no me perdía un partido, pero ahora prefiero dedicar más tiempo a mi familia. Hace siete años que dejé de fumar y beber, me alocaba muy feo hasta que empecé a estudiar la Biblia. Al principio no lo tomaba en serio aunque insistían mis parientes y los compañeros de trabajo. Poco a poco me fui construyendo un camino para seguir a Dios. Sobre todo ahora que las cosas empeoran día con día".

A Demetrio le gustan los noticiarios y leer de todo: "Siempre y cuando uno sepa reconocer lo bueno de lo malo, sólo así te vas desarrollando". Hubo un tiempo en que quiso ser zapatero, pero nunca encontró los medios para conseguirlo. "Conozco el oficio, yo mismo arreglo mis zapatos, calzo del diecinueve". Demetrio tiene metas concretas, como hacerse de una casa pues en la actualidad cuida un terreno que habita con su familia: "Y si fuera posible un carrito, aunque no sé manejar ni bicicleta". Pero su principal deseo es que Dios se fije en él, "pues no hace diferencias, a sus ojos todos somos iguales".

El comedor de Jovita

En Cuemanco se encuentra el que quizás sea el puesto callejero más antiguo de la delegación Tlalpan. Se ubica frente a un retorno hacia el norte del periférico donde de lunes a viernes desde las seis de la mañana, una patrulla estacionada al final de la curva despabila por altavoz a conductores y dormidos de los edificios próximos: "¡Aváncele, aváncele, aváncele!, ¡no se detenga!"

El puesto ornamental y solitario es propiedad de Jovita, una anciana de noventa y cuatro años originaria de Puebla que lo atiende desde hace treinta, cuando sólo había ejidos y sobre el camellón de lo que era el final del periférico, palmeras y pirules.

Doña Jovita administra su changarro desde las nueve de la mañana de lunes a sábado. Ofrece "deliciosos tacos", según reza un letrero de cartulina de pálida fosforescencia naranja. La comida es el elemento ausente con el que Jovita dice ganarse la vida desde hace más de setenta años, cuarenta de los cuales los pasó cocinando en la delegación Tlalpan. De ahí en adelante, con lo de su retiro y la ayuda de unos funcionarios, inició su propio negocio, anticipando lo que por decreto presidencial se ha vuelto una de las inoperantes alternativas para sobrevivir en este país.

Quien se asome al puesto, tapizado de cochambre, encontrará colgando del techo un foco fundido y cables tan viejos como los cacharros de aluminio y plástico amontonados e inútiles. El curioso podría intuir que han acompañado a Jovita desde la inauguración. Lo mismo pensaría de la estufilla con dos quemadores, del tanque de gas de veinte kilos, vacío; de los ajados mandiles de Jovita e incluso de los tres taburetes metálicos, siempre desocupados y casi tan altos como la anciana, que los utiliza para recargarse de codos. En la repisa del mostrador hay una cubeta de plástico con cuatro refrescos Pascual entibiados con agua sucia de polvo y de humo vehicular.

La saludan los vecinos a Jovita, sobre todo las mamás. Jovita parece conocerlas desde que echaban novio en la hondonada del periférico o sobre el camellón, bajo un monumento alusivo a la olimpiada de 1968. Sin embargo, no es fácil acceder a la orgullosa Jovita. La anciana reserva su charla a quien no la acosa con impertinencias: "¿Qué le importa a la gente si como o no?"

A Jovita le gusta sentarse dando la espalda a su negocio, en una parada inútil de Ruta Cien, pues los choferes prefieren aquella junto al campamento abandonado de la Cruz Roja a tan sólo cien metros al norte. Escéptica, acentuado el gesto por los párpados escurridos al igual que el mentón tembloroso que delata la boca desdentada, recuerda la anciana: "Antes no era tan caro poner un puesto, pero ahora...". Sin concluir la frase, extiende un bracito como si espantara un insecto de su rostro y mira de arriba a abajo al entrometido, al igual que a tantos otros a los que "sus padres los dejan hacer lo que quieran. Si te gustara trabajar, no te hubieras pintado los brazos", afirma la microempresaria creyendo saber con quien trata de tan sólo mirar al tipo tatuado que la escucha atento.

Jovita parece un irritable periquito australiano de cabecita oval, pelo entrecano opaco muy corto y cuencas que poco les falta para igualar el color de la pellejina morena. Jovita está tan arraigada a la urbanización oscilante por el peso de vehículos de carga, como las esculturas en bronce que homenajean al hombre sin atributos en ciertas plazas, jardines y estadios como el Azteca.

"No, yo ya cumplí", afirma cuando se le pregunta si mantiene a su familia. "Mis cinco hijos trabajan y ganan muy bien." A las cinco y media Jovita da unas barridas, guarda los taburetes y baja la puerta horizontal del puesto. Lo cierra con llave y vuelve a sentarse en la parada del autobús. No falta con quien charlar en lo que dan las seis, cuando cruza a pie los quinientos metros de una unidad habitacional que termina en la Calzada del Hueso. Ahí aborda un microbús a su domicilio en Huipulco. Todos los choferes la conocen. Jovita tiene treinta años sin pagar el servicio.

EL CUIDABAÑOS INVISIBLE

Durante el Festival Erótico de México en la Sala de Armas de la Magdalena Mixuca, en julio de 2005, Marco Antonio Pérez se hizo cargo de los baños para caballeros. Tan delicada asignación requirió cuatro jornadas de catorce horas diarias de mantenimiento y limpieza general del servicio. Para quien tiene la capacidad proteica de la adaptación, no le resulta difícil poner a prueba los códigos con los que ha afirmado su conducta. Aun en los momentos en que con un jalador y cubetas vaciara agua sucia en coladeras y excusados, Marco Antonio permaneció invisible a los usuarios. Sustituyó la gentileza y la palabra por el desinterés en el reconocimiento al trabajo duro. Tiene treinta y seis años y es encargado del almacén general de la Ciudad Deportiva. El festival representó un ingreso extra a sus labores habituales: "Yo le entro a todo porque siempre busco la manera dè mejorar en lo económico y mantener bien a mi familia".

A decir de Marco Antonio, su labor resultó satisfactoria pues en términos generales los usuarios no causaron mayores problemas. Casi al final de un tumultuoso pasillo que conducía a un salón de conferencias y a la sala de cine, se podía apreciar al estoico trabajador del gobierno del Distrito Federal frente al acceso al baño. Desde un pupitre con desinfectantes a la mano repartía papel higiénico.

Marco Antonio vive en la periferia oriente de la ciudad y, pese a su temperamento retraído y parco, manifiesta su amplio criterio a la hora de opinar sobre el candente festival: "No pude presenciar muchos eventos, dos o tres con las estrellas mundiales del porno y algunas partes de las películas *Serial Fucker IV* y *Nacho y sus esclavas*. Por ese lado no me pareció tan malo el espectáculo aunque lo vi pobretón de opciones. El sexo necesita mostrarse con un criterio más abierto para que la gente aprenda. Tal vez los organizadores creen que los mexicanos estamos un poco cerrados. Casi todos los hombres se quejaron de lo simplón de este festival, como que esperaban más y estoy de acuerdo. Estuvo mejor el del año pasado en el Palacio de los

Deportes, ahí sí estuve como público, llevaron más cosas y había más chicas. Nada más imagínate".

Calcula que atendió a un promedio de tres a cuatro mil usuarios diarios y utilizó varios kilos de papel de baño: "Nomás se taparon dos excusados pero los arreglé de volada porque de repente empezaba a llegar la gente y había que estar listo. Por lo mismo tenía que comer en diez minutos o menos. Vinieron muchos españoles, en general los asistentes fueron amigables, un poco menos los que trajeron a su chava, andaban al tiro cuidándolas aunque no vi a nadie faltándoles al respeto. Por eso digo que es bueno acostumbrar a la gente a ver chicas guapas más seguido en una pasarela. Para mí valió la pena por una morena que hizo tubo, no supe cómo se llamaba pero estaba muy bien".

Comprende que haya tanta gente interesada en espectáculos eróticos aunque aclara que a él no le atrae mucho la pornografía: "Si la ves sin morbo es interesante, se aprende y hasta puedes hablar más abiertamente con tus hijos. Yo tengo una niña, mi esposa no quiso venir, no le gustan estas cosas, en ese sentido es más recatada. Lo de las películas que pasaron en el foro me sacó de onda, y luego, ¿dónde te desahogas?".

A Marco Antonio le sorprendió ver tanto público femenino y le parece bien que se interese en espectáculos para caballeros: "Qué bueno que las chavas entiendan que en estos tiempos existe la igualdad para ambos sexos".

Marco Antonio, inexpresivo y de pocas palabras, se explaya escuchando rock pesado y dibujando. En su brazo derecho luce un enorme tatuaje con la boca de los Rolling Stones enseñando una lengua de fuego. Uno de sus recuerdos más gratos es haber asistido al concierto de la legendaria banda en el Foro Sol. "Ahí sí, pa' que veas, me prendí. Nada como un buen rocanrol para desahogar el cuerpo."

TAXI A LA INDOCHINA

Todos me conocen como el Guarapero, no sé por qué, pero me llamo Sergio Urbina y tengo treinta años y doce como bicitaxista. Viendo a otros compas quise saber qué se sentía manejar una calandria. Soy del Estado de México pero radico aquí en Xochimilco. Desde la base de Las Bombas, en Prolongación División del Norte, pedaleo las colonias San Lorenzo, La Cebada y Barrio 18. Es un trabajo muy pesado y se necesita muy buena condición física, pero es bonito, sobre todo porque te relacionas con la gente, y aunque es mucho el desgaste con el tiempo te conviertes casi casi en leyenda, todo mundo te conoce. No hay edad para esto, entre nosotros hay desde chavillos de catorce años hasta señores de sesenta y pico. Si me oyes medio ronco es por el solazo. Ya llevo rato esperando pasaje, a veces es así y apenas saco cincuenta varos en todo el día. Nada más de estar sentado ahorita sobre la bici ya me arde la cabeza. Si está buena la chamba me puedo aventar treinta viajes y ganar casi lo doble. La tarifa es de tres pesos por pasajero hasta un kilómetro, de ahí en adelante va subiendo un peso según la distancia. Empiezo a las seis de la mañana y me aviento doce horas diarias. No sé cuántos kilómetros pedaleo en un día, pero sí son un buen. Por decir algo, si aquí en la base no hay nada le doy la vuelta a las colonias a ver qué sale. Si llueve, o después de las diez de la noche, aumenta dos pesos el banderazo, sobre todo porque es peligroso, no tanto por los coches, es que no falta quien quiera atracarnos, o ebrios que se ponen pesados para pagar. De todas maneras tenemos prohibido circular por las avenidas. No me quejo, porque según ande la cosa es un complemento a mi trabajo en la construcción.

Lo máximo que aguanta una calandria son cuatrocientos cincuenta kilos, pero normalmente durante el día lo que subo son señoras con su mandado. N'ombre, cuando vienen de a dos o tres, ¡me *rayo*! En esta base hay muchos que alquilan sus unidades, yo no. Mi placa es la cero cero, o sea, la primerita. Un bicitaxi cuesta más o menos dos mil quinientos varos, además del permiso que pagamos a la delegación. El impuesto a Hacienda no es mucho porque casi siempre nos declaramos con números rojos, pero cuando sobra algo pos nos mochamos para que no nos suspendan. Tenemos un apoderado que arregla los trámites y las multas. Él también es bicitaxista, de otra manera no nos convendría. Lo elegimos entre nosotros, vimos quién era el más honesto y que nos lanzamos sobre él. Si alguien quiere trabajar en esta base lo consultamos entre todos, pero está bien difícil porque ya somos muchos. Nada más en La Cebada hay registrados trescientos cincuenta bicitaxis. En Las Bombas somos noventa. ¿Te imaginas? Por eso la mayoría tenemos otro jale.

Para ser sincero, yo no cambiaría este trabajo, me gusta bastante. Es honrado y si salgo sin un quinto de mi casa, que es la tuya, rapidito gano tres o cuatro varos. Tengo el sueño de superarme pero lo veo lejos con lo que gano. A mí me llevó casi tres años juntar para un bicitaxi porque soy casado y tengo tres hijos, por eso es que no suelto la otra chamba. Aquí, más que nada, las obligaciones las pone la necesidad. Muchos rentan su bici pero se me hace riesgoso porque si no sabes a quién, te la roban. Una calandria bien cuidada dura unos cinco años, pero mensualmente hay que gastar en mantenimiento y reparaciones hasta doscientos pesos. No tengo seguro social ni nada parecido. Han venido aseguradoras a ofrecer sus servicios, pero pos, ¿con qué les pagamos? Piden mucho dinero y haciendo cuentas, trabajaríamos para ellas. Los partidos políticos nos han querido afiliar, ya sabes que no falta, pero preferimos seguir independientes, ora sí que, como se dice, libres de agarrar la ruta que mejor nos convenga.

EL CLON DE MICHAEL JACKSON

El programa de *breakdance*, *Disco Jackson*, fue una influencia bien fuerte, no me lo perdía pues iniciaba y terminaba con videos de mi ídolo. Yo tenía cinco años y ya bailaba en las fiestas familiares, donde me convertí en la atracción principal.

Sigo disfrutando de *Thriller*, pero ahora en compañía de mi esposa, dos hijos y un buen número de chavitos que me prefieren a un payaso, me les hago más entretenido.

Un amigo payaso me lo comentó: "Por ti me han bajado un buen los bonos". Es chistoso porque todos sabemos del problemón que tiene Michael Jackson, aunque creo que es puro mitote. Tuvo que llegar a eso para seguir vendiendo. Uno se mete al lodo cuando quiere. Él vendió una moda y un estilo que ahora incluye las caras de sus hijos, sus violaciones, etcétera. Si es cierto de lo que lo acusan, qué mala onda, si no, qué bueno. Lo admiro y entiendo cómo debe sentirse. Lo vivo en carne propia. Es tan camaleónico que sus transformaciones me afectan.

Siempre he creído que la gente nace para algo. Sus conciertos en México me convencieron. Yo ni boletos tenía. Fui a Polanco con la idea de conocer una plaza y entonces lo vi, muy de lejos: Michael iba rodeado de un montón de gente. Después un amigo me dijo que conocía a unos policías que nos dejarían pasar al estadio. Quedé anonadado. Imagínate, casi hasta adelante y frente a quién.

Un 12 de diciembre mi vida cambió para siempre en un salón de baile. Me dieron la oportunidad porque no había mucha gente. Pero, ¿que crees?, que empiezo a llenarlo, fue algo impresionante. A partir de ahí fui de salón en salón de fiestas ofreciendo mi show pero me cerraban las puertas, hasta que un día se abrió una. Mandé a hacer atuendo a la *Billy Jean* y edité la música para evitar problemas. Luego entré a trabajar a una tienda de discos. Estaba muy fuerte la jacksonmanía y le insistí al gerente que me dejara bailar como gancho para vender más. No tienes idea del éxito. Mi pago extra fue una foto de Michael autografiada como parte de la promoción.

En su página oficial de internet en México hay una liga con la mía, donde fans de todo el mundo me mandan incluso música inédita. Él sabe que existo pues le han enviado videos de su doble oficial en México. Estoy registrado ante la ANDA como Estefan Jackson, así no me pueden demandar. Hay movimientos de apoyo a Michael que me invitan a participar como vocero de sus eventos alrededor del país para atraer la atención de los reporteros.

Nunca he estado en Neverland, pero tengo planes para presentarme en Estados Unidos. Me sale chamba con las dos televisoras y hay gente de Centroamérica que me ha llamado para llevar mi show por allá. En el Happy de Coapa sólo trabajo los fines de semana. Mi fuerte son los salones de fiestas. En una buena temporada tengo hasta seis eventos por día.

Casi todos los dobles comenzamos igual: "Te pareces mucho", "Bailas igualito". No llevo dietas pero soy muy exigente conmigo mismo. Tengo veintiséis años y doce de vivir de esto. Tomo clases de ballet, jazz, pantomima e inglés para saber lo que estoy expresando y transmitirlo a mi público. Ensayo de tres a cuatro horas diarias con mis bailarines y el resto del equipo, todos fans de Michael.

Tengo muchos ademanes de él. A veces me pregunto, ¿me veré igual? Incluso uno de mis hijos se llama Michael. La mayoría de la gente me conoce como Michael o Jackson. Muchos me ven como un homenaje. De pronto eso me incomoda porque me han dicho que soy mejor. Qué va, soy la sombra de un artista y no quiero voltear el papel. No lo cambiaría por nada. Cada show, por una canción que sea, lo disfruto al máximo. Por lo pronto le quiero exprimir todo el jugo. Los clubes de fans me dicen: "Eres lo más cercano que tenemos". Sobre todo ahora que es difícil que Michael ponga sus ojos en México, ya que somos un país tan reciclado que un día queremos una cosa y otro día otra, así sea pirata.

Intuición femenina

Una tarde, la señora de M. decidió poner a prueba a Telocation, empresa con tecnología militar israelí ubicada en Polanco que desde febrero de 2005 se dedica a la localización y recuperación de vehículos vía satélite. Entró a la página de internet, tecleó su número confidencial y de inmediato apareció su discreto 2003 en el mapa de una zona de Azcapotzalco. No correspondía con la supuesta ubicación del marido a esas horas donde supuestamente estaría agobiado por sus responsabilidades como supervisor en una fábrica de envases de plástico. Al motor del coche familiar le habían instalado un discreto dispositivo de inmovilización total y en la guantera otro con botones para solicitar asistencia médica, vial y mecánica las veinticuatro horas del día, todo el año. Por el mismo sistema satelital Telocation puede controlar la apertura de puertas y ventanas, seguros, cajuela, encendido y apagado del motor, del aire acondicionado así como del sensor de las bolsas de aire.

Con un costo similar a la renta mensual de televisión por cable, unas semanas antes la señora de M. había contratado el servicio a escondidas de su esposo, pues quería sorprenderlo con un buen detalle de previsión casera. Seis meses antes le habían robado otro coche mientras visitaba a su madre en el sur de la ciudad. Jamás lo recuperó. Ahora, se sentía más segura teniendo a la mano recursos dignos de *Misión imposible*. Sin pensarlo mucho llamó por teléfono a la oficina de su marido y la secretaria le dijo que el licenciado no había regresado de comer. Marcó a su celular y una grabación le informó que el teléfono estaba desconectado o fuera del área de servicio. ¿De parranda, en jueves? Era poco probable, su esposo no bebía ni siquiera como pretexto de una reunión de negocios. Durante los últimos meses la señora de M. había venido escuchando en voz de sus amigas y vecinos estrujantes historias de robos y secuestros que confirmaba a diario en los noticieros nocturnos. El robo de vehículos era la segunda actividad más lucrativa en la ciudad de México para el crimen organizado. ¡Ciento seis robos al día! Y eso que ya bajaron, según el procurador, se dijo molesta la señora de M. al momento de firmar su contrato en el edificio de Arquímedes.

Ahora, temiendo lo peor llamó a Telocation y desde el centro de control se hicieron cargo del asunto. La señora de M. no recordaba las placas pero hizo una detallada descripción del vehículo. Con un breve cuestionario el operador lo localizó primero en su base de datos y luego en el mapa de la computadora, confirmó los datos confidenciales del cliente, su estado físico y emocional y cómo habían sucedido los hechos. A estas alturas la señora de M. todo lo que deseaba era que su esposo estuviera sano y salvo.

—Me comunico con usted en cuanto tenga información precisa— dijo amablemente el operador mientras accionaba los dispositivos de recuperación que incluyen treinta unidades de seguridad privada que trabajan en coordinación con las policías federales, estatales y municipales del D.F. y el Estado de México.

Veinte minutos después, uno de los agrupamientos de Telocation se encontraba en el estacionamiento de un hotel de Ecatepec. El vehículo estaba intacto y el licenciado M. aparecía registrado en una de las habitaciones. Telocation jamás se involucra en los asuntos privados de sus clientes y en caso de robo o secuestro los asesoran y alientan la denuncia ante las autoridades correspondientes. Pero ahora, sólo restaba dar parte de los hechos a la afligida ama de casa.

El operador de Telocation marcó el teléfono de su cliente y de inmediato le devolvió la tranquilidad:

—¿La señora de M.? Por favor, vaya a nuestra página y entre al mapa de la zona donde reportó su vehículo, podrá darse cuenta de que va en dirección a su domicilio. No se preocupe, está en buenas manos.

Así parece, concluyó para sí la señora de M. un tanto desconcertada del desenlace. De todos modos, se sentía orgullosa de sus iniciativas secretas. Durante una hora siguió a su sedán por el mapa virtual y efectivamente pudo comprobar que seguía una ruta conocida por ella. De pronto escuchó abrirse la puerta de su departamento. El licenciado M. no tardaría en sorprenderse de la intuición de su mujer.

El santo de los emprendedores

En su adolescencia Miguel Ángel Zamora solía pedir aventón en la carretera para ir a vacacionar al hotel Camarena, de Acapulco. Años después, como empleado federal inició un largo viaje al infierno que terminó cuando cierta madrugada dos individuos lo levantaron del suelo. Iban en un Cougar y presagiaban lo peor. Bien instalado en su estilo de vestir a la *animal party* setentero, recuerda: "Haz de cuenta *Los Hombres de Negro*, creí que eran agentes y que me llevarían a la cárcel". En un estado lamentable, atemorizado e incapaz de cruzar la calle que lo separaba de su antiguo empleo, subió al coche estacionado frente a su refugio: el estacionamiento de La Mansión de Oro, donde había sido cliente asiduo y luego cancerbero de sus propios demonios etílicos.

Recuerda que despertó en un cuarto, "hinchado como sapo, monstruoso". Había bebido mucha agua y tenía miedo de morir. Los primeros auxilios consistieron en un té con "piquete" que le dieron sus custodios advirtiéndole que ese refugio de AA era su única oportunidad de seguir con vida. Se quedó. Elefantes rosas lo persiguieron durante semanas. Milagrosamente, después de muchas recaídas, un día de muertos, renació.

Miguel Ángel creía que sólo con buena salud y trabajo saldría adelante, pero al cabo de unos meses, en medio de apremios económicos y un arduo proceso de recuperación a través de los "doce pasos de AA", acudió al templo de san Agustín, en Polanco. "El santito de los listones" recibía las peticiones por escrito de una numerosa feligresía de gente exitosa, según pudo apreciar Miguel Ángel en los lujosos atuendos. "De seguro a éste le reza Slim", intuyó sin dejar de mirar al monje canonizado por el papa Paulo VI. En aquel tiempo, recuerda, "tenía un fuerte problema legal, unos vecinos habían allanado mi casa y golpeado a mi esposa, los demandé y se rieron de mí pues se decían influyentes. Durante semanas todo parecía en mi contra. Eran tantas mis peticiones que habría necesitado un rollo de tela, pero me las arreglé para poner todo en un listón blanco. Regresé a casa y al otro día desperté como si me hubieran quitado una losa de encima. No le di importancia pero dormí como un bendito y estaba de muy buen humor. Cuando salí a la calle vi al sol más radiante que nunca. Todo cambió desde entonces, gané la demanda y mi economía mejoró".

Ya con la intención de mantenerse sobrio ajustó cuentas con el pasado en La Mansión de Oro, donde ahora vende DVD's que le llenan el ojo al cinéfilo más exigente. Cierta ocasión, en una de las mesas donde tantas veces había gozado de animadas tertulias, un hombre elegantemente vestido tomaba champaña acompañado de una rubia espectacular. Era un ex pepenador de botellas que Miguel Ángel reconoció al momento de obsequiarle su tarjeta de presentación: "La Sana Diversión". El nuevo rico le pidió que regresara más tarde. Así lo hizo y, decepcionado, Miguel Ángel aceptó una estampita del monje libanés y un consejo de quien parecía íntimo de Dios: "Visita a san Chárbel, él te ayudará".

Miguel Ángel requiere de una profunda fe para cumplir con el "sólo por hoy" que exige la sobriedad. Regala cuadernillos y estampitas con la vida y obra del santo, "eso de dejarle listones al pie del altar es fanatismo, lo mío es algo misterioso e inexplicable, coincidencia o no, lo que soy ahora se lo debo a san Chárbel".

"Como don Simi: ofrezco lo mismo pero más barato", afirma presumiendo orgulloso en su pecho prendedores con la figura del monje. No puede negar la ayuda divina para su negocio: "Mis principales clientes son profesionistas, aunque prefieren el entretenimiento que a mí me puso al borde de la muerte". Ha logrado sobrevivir con La Sana Diversión pese a que las ganancias se esfuman con los gastos para sacar adelante a su familia. "En este país no hay ni a qué santo arrimarse, pero yo confío en san Chárbel, no tengo que rezar o persignarme, lo que le importa es mi constancia. No sé quién eligió a quién pero un día de estos me animo y se lo pregunto, a lo mejor hasta logro que termine de echarme la mano."

Colofón en la hora cenital
(vivir y morir en la ciudad
de sangre y silicona)

Mientras viajaba en microbús rumbo al metro inicié la lectura de un libro sobre la flora y fauna de los cadáveres. Me parece adecuada para transportes obstinados en decidir por los pasajeros cuándo la vida debe llegar a su fin. Luego de las primeras páginas recordé cómo se veía mi padre antes de su cremación, en 1989. El empleado funerario preguntó si había alguien que deseara ver el cuerpo antes de ingresarlo al horno. Sobreponiéndome al pasmo familiar me acerqué al féretro y le indiqué con una seña al empleado que levantara la tapa. La mortaja era de seda blanca. Por primera vez, frente al semblante ceroso, comprendí el significado de la frase "descanse en paz".

Las incomodidades y los riesgos de mis periplos diarios confirman que estamos condenados a vivir y morir solos, aun durante una tragedia colectiva. Sin importar la cercanía de los seres queridos, nunca podremos expresar plenamente, a no ser a través de ese gesto postrero, nuestras emociones más honestas.

Esto lo suscribe la irreparable descompostura de mi *laptop*. Hasta hace unos meses aún era capaz de resistir mis embates, en algo parecido a los de Ray Charles en su piano. Pero mientras el músico solía subvertirlo a cambio del frenesí de su auditorio, yo sólo tuve como testigo del colapso a un perico australiano que en aquel entonces volaba en libertad en mi departamento. Durante la agonía de mi vieja compañera, yo escribía de corrido por una falla en el espaciador del teclado. El cursor titilaba como guía espástica de un electrocardiograma.

Coartado en mi labor, una noche perdí la mirada en la oscuridad de la ventana e inicié una fugaz cuenta regresiva del tiempo transcurrido en mi vida. Infancia, adolescencia y juventud extraviadas en medio de un apagón en un circo de calamidades. Las mujeres que se han ido y llegado. Cientos de calles inhóspitas, embriagadoras o cosmopolitas. Las cabezas ya canosas que se alejan en la memoria o me asedian como al eslabón perdido de sus nostalgias y fracasos. Nada de esto me es indispensable para adueñarme de mi presente.

No busco complicidad con la muerte, aunque debo reconocer que el lugar que habité durante algunos años era excelente para ese cometido. No desmerecía al escenario que me rodeaba en aquel entonces, tan parecido al de mi domicilio actual: el periférico ruidoso y accidentado día y noche, una estación abandonada de la Cruz Roja donde los sábados aún se ofrece terapia psicológica con cuotas voluntarias a personas como yo, agobiadas por las presiones cotidianas; zanates carroñeros que se alimentan de animales atropellados y una escuela primaria donde los maestros organizan porras semestrales al campeón del torneo profesional de futbol.

Estoy seguro de que mi perico siempre supo cómo salvarse de la hambruna en caso de que yo muriera. Como no quiso terminar alimentándose como un ácaro, un día huyó por la ventana rota de mi estudio por donde arrojo las colillas del cenicero atiborrado.

No tengo manera de saber si llegada la hora reflejaré la tranquilidad que vi en mi padre poco antes de convertirse en cenizas. Nunca lograré lo que Ray Charles. Prefiero dejar mi *laptop* tal y como quedó luego de colapsar. Ello me dará una justificación de peso para terminar mis días cobijado por mis temores y desaciertos, mirando noticiarios y chismes de la farándula.

Es un alivio creer que por lo menos tengo la opción de morir a carcajadas.

RUIDO

Como el de cualquiera en este país, mi porvenir es incierto y sin embargo, gracias a una beca, durante tres años tuve un decoroso ingreso mensual. No soy tan arrogante como para presumir de ahorrativo, esto sólo pueden serlo quienes creen en el futuro. Pese a todo, gozo de una salud aceptable y no tengo miedo a las enfermedades derivadas de la edad o de mis excesos. La muerte prematura de seres queridos y una larga tradición familiar de apremios económicos me han dado el temple necesario para tomar decisiones riesgosas. Entonces, ¿por qué tanta angustia cuando miro a la calle desde mi departamento?

John Steinbeck decía que una ciudad se parece a un animal. Posee sistema nervioso, cabeza, hombros y pies. Cada ciudad difiere de todas las demás: no hay dos parecidas. Y una ciudad tiene emociones colectivas. Todos los días lo confirmo frente a la ventana de mi estancia en un cuarto piso. Desde ahí suelo recibir el amanecer acompañado de un cigarrillo que aligera el escape de mis pesadillas o me da tregua durante largas vigilias. Dormir plácidamente es resultado de una pelea que el insomnio perdió por ко.

Vivo como un corresponsal de guerra atento a los conflictos en el campo de batalla. La atmósfera de recelo en el edificio donde vivo nos ofrece a mí y a mis vecinos la única oportunidad de reconocernos en un mismo bando. Cada quien carga a cuestas sus conflictos diarios, y de ser necesario no sabríamos externarlos con palabras pues son abrumadores.

Algo me hace ruido en el cerebro. Mi cabeza está llena de ideas que cascabelean como pelotitas dentro de una esfera de lotería. Cada día doy vuelta a la manivela de mi vida confiando en que brote de la canaleta algo más que reintegros. Sé que llevo las de perder en esto de escribir historias, de encontrar el tono, la intensidad y el ritmo. Pueden pasar semanas o meses completos de espera infructuosa, pero como todo jugador creo en mi suerte.

Hace unos años tuve una corazonada y escribí una crónica que envié a un concurso. Me olvidé del asunto y meses después, la mañana de un miércoles me informaron que había obtenido el primer lugar y un premio en efectivo. Recibí la noticia por teléfono en una editorial mientras exigía un pago atrasado. Era mi último recurso antes de pedir ese mismo día un préstamo a mi hermana para pagar la renta. Lo curioso es que en esa editorial se habían negado a publicar el texto con el que gané el certamen. Al lunes siguiente de la llamada del destino, tenía algunos miles de pesos en mi cuenta de banco.

Los ruidos en mi cabeza se intensificaron desde entonces. A veces son como el susurro de una mujer al oído. Escribo como si viviera bajo el asedio de un billetero que me ruega jugar al número ganador. Pero he aprendido a no comprar cachitos en la lotería de la desilusión cotidiana. Crecí en el seno de una familia donde se apuesta fuerte contra las probabilidades.

Se supone que no debería costarme trabajo escribir un pequeño ensayo reflexivo. Si quien lo lee imagina que dispongo de muchas horas de abstracción y silencio, se equivoca. Mi departamento se cimbra con el ajetreo desquiciante de la calle y las vibraciones del paso de camiones. El aullido de sirenas anuncia a cualquier hora la ruta de un infierno a la medida de cualquiera. El caos fuera y dentro de mí da un voto de confianza a los imponderables. Por eso, cuando llego a la cama pienso que la esencia de la vida radica en un poco de suerte y algunas horas de sueño apacible.

EL GRAN ERROR

Cuando miré el reloj eran las tres de la mañana. Mi mujer dormía y yo trataba de conseguirlo. Suelo culpar de mi insomnio a mis hábitos irregulares y, sobre todo, al desmedido consumo de cafeína, cigarrillos y otros estimulantes. Pero esa madrugada, parecida a otras muchas a lo largo de los años, me di cuenta del tiempo que llevo oponiendo una absurda resistencia a mis temores. Esconden una profunda soberbia. Me niego a aceptar mi lugar entre el montón.

Viajo enormes distancias en el transporte público y, como la mayoría en este país, padezco la impunidad lumpen del ambulantaje y la mendicidad alevosa de ex presidiarios, agrupaciones indígenas, estruendosos DJ's ciegos y enfermos terminales con más vigor que la mayoría de los pasajeros. Con frecuencia tengo que realizar trámites de ventanilla denigrantes donde no hay respeto por el tiempo y prevalece la ley del Talión. Fatiga, rencor e indolencia se apelmazan en los rostros de la transición democrática.

Llevo algunos años tratando de vivir de mi trabajo. Ello me obliga a preguntarme cómo es que he podido escribir tanto con el poco tiempo de que dispongo. La respuesta no me satisface. El placer que me causó la lectura de una novela (*Mientras dan las nueve*, de Leo Perutz) se transformó en la fantasía catastrofista de verme devorado por la incertidumbre y mi pasado. Sentado frente a la computadora lucho conmigo mismo. Sin embargo, lo que expongo contiene la esencia de mi escritura.

El porvenir no es muy claro. Las innumerables asociaciones filantrópicas han corporativizado la indigencia nacional. Nos están llevando al baile. Los imagólogos aseguran que la imagen conviene a los objetivos del éxito. Hace poco más de diez años Carlos Slim aconsejó a un grupo de universitarios de la capital del país: "La fortaleza y el equilibrio emocional están en la vida interior y en evitar aquellos sentimientos que corroen el alma: la envidia, los celos, la soberbia, la lujuria, el egoísmo, la venganza, la avaricia, la pereza, y que son venenos que se ingieren poco a poco". Más le vale entonces a un pueblo chamagoso cambiar su apariencia y derrotismo. No hay otra realidad admisible.

Podría considerarme un privilegiado ante la zozobra e indefensión que nadie en este país parece capaz de remediar, a no ser a través de vituperios, encuestas y tablas porcentuales. Trabajo duro en mi oficio y sólo depende de mí llegar a dominarlo. No importa cuánto tarde. Pero bueno, ¿en esto se resume todo? Oleadas de soledad y apremios económicos, un vacío emocional y compromisos al garete. Debe haber un gran error. Un gran error que me empuja a seguir en la ruta de esta democracia selectiva.

VÉRTIGO

No suelo irme a la cama temprano. Pero aquella noche de otoño no pude evitarlo. A una hora que identifica el habitual rondín por la calle donde vivo, de un vendedor en triciclo que anuncia su llegada por un altavoz ofreciendo tamales oaxaqueños con una grabación zumbante y chillona. Asimismo desaparece como alma en pena por la falta de compradores. Me hace pensar en un hombre mosca engendrado por el siniestro dueño de la franquicia ambulante que explota, "remasterizada" por toda la ciudad, la leyenda de La Llorona y una película clásica de ciencia ficción.

Me sentía agotado luego de varias jornadas despierto hasta casi el amanecer y al instante me quedé dormido. Durante la madrugada me paré al baño y sorprendí a mi mujer mirando por la ventana abierta de la estancia a oscuras. Parecía una presencia sobrenatural, semidesnuda y esbelta, indecisa de saltar a la calle. La corriente de aire me provocó una placentera sensación de abandono. Desde mi posición a la entrada del dormitorio, la silueta al otro extremo me daba la espalda, ajena a mi presencia; las dimensiones del espacio se desvanecían como si flotáramos en la nada, solitarios e indefensos, impulsados por las exhalaciones de los vehículos y los peatones que a intervalos cruzaban bajo la ventana.

No sentí deseos de llamar a mi mujer ni curiosidad por lo que ocurría afuera. Es la misma ciudad de siempre, turbia y estúpidamente violenta, me dije y volví a recostarme con la sola intención de dormir otro poco. Sonreí por mi descortesía pues ni siquiera hice el intento de preguntarle si se le ofrecía algo.

Cargo con la obsesión de escapar a mis dudas sobre lo que soy, sobre lo que durante una buena parte de mi vida adulta me esforcé en construir como identidad para que los demás la habitaran confiados, sin sentirme temeroso de las consecuencias. Resiento la neurosis de esta ciudad y la marejada de información que me rodea. Amigos y familia no dejan de mantenerme al tanto de lo que consideran útil a mi actividad como escritor. Por más que intento evadirme, lo único que consigo es atraer más y más noticias inútiles sobre todas las variantes de la necrofilia. Habito una cotidianidad exasperante que ha convertido la muerte en una aburrida intrusa que nos impide a muchos alcanzar el bienestar. Estamos condicionados a la subordinación de una era de prohibiciones. A riesgo de vivir como un forajido debo aceptar sin reniegos las hipocresías encubiertas bajo buenas intenciones cívicas. La última vez que llamé manco a un manco que bebía cerveza en una cantina, los amigos con los que yo compartía una mesa bajaron la vista y se hizo un prolongado silencio cuando comenté lo difícil que le sería al sujeto subirse los pantalones después de ir al baño.

Ciertos adjetivos y verdades resultan demasiado agresivos para una convivencia social exhausta por tantos especialistas al vapor del deber ser. Sin embargo, gracias a que en este país no significa nada cumplir la ley o acatar las normas, hay mil maneras de evitar el tedio. No celebro la impunidad pero creo que recurrimos a cualquier medio disponible para proveernos de excitación y riesgos que sacudan la monotonía a la que parecen condenarnos tantas generaciones de crisis y frustración. Es una manera de sobrevivir pues la fe y la esperanza como dogmas no llevan a ningún lado.

Quizá sea el vértigo del vacío lo que interrumpe mi sueño, una resistencia a perder mi identidad como individuo.

Como tantas otras noches iguales, no sentí en qué momento mi mujer volvía a ocupar su lugar en la cama.

Mientras eso sucede

Esta época de miedos colectivos e incertidumbre ante la muerte, me ha hecho recordar algunas de mis emociones más intensas en momentos de duelo. Esto comenzó hace treinta años con la muerte de mi madre, a la que siguieron la de mi padre, la de mis dos hermanos mayores y un par de amigos entrañables. Pocas cosas se comparan al pasmo que antecede a la aceptación de la pérdida definitiva. No importa cuántas veces nos haya ocurrido antes, siempre tendrá la intensidad trágica de lo inevitable. De ahí que la frase "descanse en paz" conlleve un deseo de que nuestro trayecto a un mismo final sea sin angustias ni temores agobiantes.

Hace unas semanas hice una visita imprevista al museo Cementerio de San Fernando, a unos pasos del metro Hidalgo. Se mantiene como en sus orígenes: pequeño, limpio y ordenado de acuerdo a las exigencias de las familias acomodadas de la época, quienes eran las únicas que podían pagar los onerosos costos de una inhumación en este cementerio. Los restos del presidente Juárez descansan ahí. Hoy en día llama la atención que en los alrededores del cementerio, sucios y alicaídos, pululen decenas de menesterosos y malafachas que parecen aguardar el momento oportuno de profanar una de las tumbas de San Fernando y tomar el lugar de alguno de sus ilustres difuntos.

Invitado por una amiga que quería retratarme rodeado de lápidas y mausoleos, tuve oportunidad de reflexionar sobre la barrera que oponemos a nuestra relación con la muerte. Cobijado por la apacible atmósfera del lugar en esa mañana soleada, inicié una fugaz cuenta regresiva del tiempo transcurrido en mi vida. Infancia, adolescencia y juventud extraviadas en un escenario de calamidades y alegrías efímeras. Sin embargo, nada de esto es indispensable para adueñarme de mi presente, con todo y las aprensiones que forman parte de mi identidad.

Debo reconocer que un viejo cementerio de tiempos de la Reforma se presta para la reflexión. La sobria nobleza del conjunto y su finalidad ceremoniosa, dignifican a una ciudad legendaria por su desprecio a la vida y veneración a la tragedia. Sólo días después de mi visita, supe a través de un folletito turístico que el panteón de San Fernando se negó a recibir a algunos de los miles de muertos de cólera durante la epidemia que azotó la capital del país en 1833.

Me daría un gran alivio irme sin remordimientos. Mientras eso sucede, una fotógrafa de sepulcros logró que alguien como yo desahogara el siempre vivo temor de morir sin que nadie honre mi memoria.

SI MIS PADRES VIVIERAN

A finales de los años sesenta mis padres solían llevar a su familia al Dinamo número cuatro, a las faldas de los bosques al poniente de la ciudad de México. Yo era el penúltimo de diez hermanos y no había uno de nosotros que renegara del día de campo entre pinos, un arrollo de agua limpia y olor a carbón de los puestos de quesadillas. Nos acompañaban los amigos de mis padres y sus respectivas *jinais* (así le decía mi madre a su prole y a la de sus amistades), cada una con entre cuatro y siete integrantes, la mayoría niños. Era una mezcolanza entre *Rocco y sus hermanos* y *Nosotros los pobres*. El largo y tedioso trayecto de ida y vuelta del primer cuadro de la ciudad lo hacíamos en autobuses urbanos repletos, cuyo penetrante olor a diesel me provocaba náuseas. A veces pienso que mi generación vomitó su infancia en esta ciudad tras la ventanilla de un "chimeco".

Un domingo de tortas y tacos sudados que mi madre preparaba en casa y mantenía calientes en una canasta de mimbre recubierta de mantelillos de algodón, que luego servían para humedecerlos en el agua fría del arrollo y restregarnos la cara a los niños más chamagosos. Pulque, cerveza y cábula para los adultos, que a ratos jugaban con sus hijos futbol o escondidillas. Hombres urdiendo el negocio que daría para siempre un giro de opulencia a los paseos; sus mujeres en lo suyo, pendientes de que nada saliera de control mientras ellas hablaban de "sus cosas", como le decían a ese chismerío de baja intensidad sobre alguien ausente. Todo ello ayudaba a afianzar los lazos filiales de la grey.

Pasatiempos sencillos como corresponde a gente orgullosa que sabe lo que significa vivir bajo zozobra.

Esta evocación me hace revalorar lo que mis padres entendían por "sacrificio". En medio de tantas limitaciones se divertían al parejo de su prole del mismo modo en que les inculcaron resistir y pelear por nuestra sobrevivencia.

Busco la complicidad del lector con mi sensación de vacío y profunda rabia ante la realidad que padecemos. No me gusta evadir mi presente, pero poco queda para sentirse optimista. No quiero pensar lo que hubiera sido de mí y de mis seres queridos tal y como están hoy las cosas en el país. Habría altas posibilidades de formar parte de las miles de víctimas de este escalofriante territorio de guerra contra el narco, pobreza y epidemias, y de miles más procesados en reclusorios por delitos que aluden alguno de los diez puntos mencionados por el presidente Calderón en uno de sus informes de gobierno. No hay promesa ni justificación que valga para un pueblo obligado a una zafia connivencia con la Hidra del poder.

Si mis padres vivieran.

Sangre y silicona

Vivo en un viejo edificio sobre la avenida Bucareli, en la orilla poniente del perímetro "C" del Centro Histórico. El barrio es un fallido intento de adaptación sin prejuicios de convivencia entre el poder que representa la sede de la Secretaría de Gobernación y hoteles, cines, la plaza de la Ciudadela, una biblioteca pública, el mercado de artesanías más importante de la ciudad; comercios, cantinas y restaurantes para todos los presupuestos; tres periódicos de circulación nacional, antros, escuelas, condominios recién edificados, un teatro, turistas, decenas de menesterosos, de inmuebles desocupados, lotes baldíos y colonos variopintos. El caos vehicular y el cierre de calles por marchas y plantones corresponden a una cotidianidad donde la fe y la esperanza no llegan a ningún lado. Es una afrenta a la supuesta velocidad y la potencia de coches relumbrantes atascados a todas horas en Bucareli. Sus conductores sólo se sienten cómodos con los seguros puestos y las ventanas cerradas, aislados del exterior. Paul Virilio lo define en su *Estética de la desaparición* como las diferentes formas de desvanecimiento que experimenta el habitante de un país como éste.

Todos los días cumplo con un riguroso hábito en desuso para la mayoría de mis conocidos: salir al puesto de la esquina para comprar dos periódicos; uno, de los considerados "serios", lleno de analistas y noticias supuestamente relevantes; y otro dirigido al populacho, un tabloide que escurre sangre y silicona. Ambos a su modo, proponen encabezados que convierten la nota roja y la impunidad en asunto de seguridad nacional; la vulgaridad y un cruel sentido del humor rinden honores a la tragedia colectiva. No dejo de preguntarme cómo se las arreglan para escribir sobre México tantos especialistas que viven metidos en cabinas de radio y televisión, pegados a sus Palms dialogando con políticos, empresarios y demás privilegiados de nuestra sociedad. ¿Qué tanto puede saber del país alguien que nunca se sube al metro o al microbús, se forma en un banco o en una oficina de gobierno?

A diario me pregunto si debo salir de casa así sea únicamente para comprar cigarrillos o pasear a mi perro. Ganas no me faltan de encerrarme para siempre y renunciar a todo. Siento que no pertenezco a ningún lado, que nada es mío. El ruido y la zozobra me acosan día y noche. Invaden mi intimidad. Sin remedio.

El barrio es un ejemplo de la negación permanente de una sociedad podrida; me advierte de los riesgos y desventuras que acechan en cualquier esquina. El miedo tiene ese cometido, volvernos astutos como animales de manada para evadir lo inevitable el mayor tiempo posible, pero siempre resignados a que en cualquier momento las fauces de la tragedia se cierren sobre nuestros cuellos.

Si el deseo de destruirnos unos a los otros puede más que cualquier intento de convivencia, habría que dejarse llevar por la pasión, la locura y el desenfreno. De cualquier modo mi catastrofismo irresponsable determina mi presente.

Así es la ciudad donde vivo. Anuncia en todo momento la hora cenital de la muerte y el olvido.

ÍNDICE

J. M. Servín (Ciudad de México, 1962) es narrador, periodista y editor autodidacta. Publica regularmente ficción, periodismo y ensayo en suplementos, revistas y periódicos de circulación nacional y del extranjero. Parte de su obra ha sido traducida al francés y está incluida en diversas antologías. Ganador del Premio Nacional de Testimonio 2001 y del Premio Nacional de Periodismo Cultural Fernando Benítez 2004 en la categoría de reportaje escrito. Miembro del Sistema Nacional de Creadores de Arte desde 2005. Entre sus obras destacan *Periodismo Charter*, las novelas *Cuartos para gente sola, Por amor al dólar* y *Al final del vacío*, y el libro de relatos *Revólver de ojos amarillos* (Almadía).

Otros títulos en *Los gavieros*

ALLENDE EN LLAMAS
RUDO POR NATURALEZA
Julio Scherer García

Títulos en *Mar Abierto*

BAJO LA PIEL DE CHANNEL
Danilo Moreno

UNA AUTOBIOGRAFÍA SOTERRADA
ÍCARO
Sergio Pitol

LARGUEZA DEL CUENTO CORTO CHINO
José Vicente Anaya

PÁJAROS EN LA BOCA
Samanta Schweblin

EL DÍA QUE BEAUMONT CONOCIÓ A SU DOLOR
J. M. G. Le Clézio (Gran formato)

LOS CULPABLES
LLAMADAS DE ÁMSTERDAM
PALMERAS DE LA BRISA RÁPIDA
Juan Villoro

LOS ESCLAVOS
Alberto Chimal

¿TE VERÉ EN EL DESAYUNO?
Guillermo Fadanelli

POESÍA ERAS TÚ
Francisco Hinojosa

ZOOMORFÍAS
SAMAHUA
HUATULQUEÑOS
BAJO UN SOL HERIDO
Leonardo da Jandra

OSCURO BOSQUE OSCURO
Jorge Volpi

MÁS ALLÁ DE LA SOSPECHA
Philippe Ollé-Laprune

JERUSALÉN
AGUA, PERRO, CABALLO, CABEZA
HISTORIAS FALSAS
Gonçalo M. Tavares

MIS DÍAS EN SHANGHAI
Aura Estrada

LOS NIÑOS DE PAJA
Bernardo Esquinca

LA TORRE DEL CAIMÁN Y ROSETE SE PRONUNCIA
Hugo Hiriart

GRANDES HITS VOL. 1
Tryno Maldonado

BUENOS DÍAS, CAMARADAS
Ondjaki

SIEMPRE JUNTOS Y OTROS CUENTOS
Rodrigo Rey Rosa

REVÓLVER DE OJOS AMARILLOS
J. M. Servín

EL ANIMAL SOBRE LA PIEDRA
Daniela Tarazona

TIEMPOS DE FUGA
Ramón Caride Ogando

PARACAÍDAS QUE NO ABRE
Alejandro Páez y Laura De Ita

Títulos en *Estuario*

D. F. CONFIDENCIAL

de J. M. Sevín
se terminó de
imprimir
y encuadernar
en junio de 2010,
en los talleres
de Litográfica Ingramex,
Centeno 162,
Colonia Granjas Esmeralda,
Delegación Iztapalapa,
México, DF

Para su composición tipográfica se emplearon las familias Bell Centennial y Steelfish de
11:14, 37:37 y 30:30. El diseño es de Alejandro Magallanes. La impresión de los interiores
se realizó sobre papel Cultural de 75 gramos y el tiraje consta de dos mil ejemplares.

Este libro pertenece a la colección *Los gavieros*,
donde los grandes observadores
de la realidad contemporánea ofrecen
un testimonio de su compromiso
con la escritura y con la verdad.